# New Tandem
# Language Learning Handbook
## Japanese & Korean

平中ゆかり | 정 기 영

부산외국어대학교 출판부

# 目次

# 목차

## 1. はじめに

みなさんは外国語を学習しながら「目標言語をもっと話したい」「ネイティブの友達がほしい」「現地の人の生の声を聞いてみたい」「今、流行っているものを知りたい」「友達言葉で話してみたい」「気軽に質問できるチューターがほしい」というようなことを思ったことはありませんか？

タンデム学習ではみなさんの学んでいる言語のネイティブ話者と、興味のあることを自由に話すことができます。お互いに学習者なので、「通じなかったらどうしよう」「下手だから恥ずかしい」「話すのに時間がかかるから申し訳ない」「言いたいことはあるけれど最後まで文章で言えないかも」などという心配は無用です。きっとパートナーも同じ気持ちでしょう。もし、パートナーが目標言語をとても上手く話していたとしても、以前はこのような不安や戸惑いを感じていたことがあるはずです。それを乗り越えたパートナーに学習方法や経験談などを聞いてみるのもいいでしょう。

タンデム学習に参加する学習者は、言語レベルに関係なく、お互いに相手から多くのことを学びたいと思っています。会話をしながら相手との生活や価値観、コミュニケーションの方法の違いなどに気が付いたら、どうしてそうなのか話し合ってみましょう。どちらが正しいとか優れているということではなく、新たな視点を得るつもりで客観的に話してみましょう。一つ一つの気づきが学びとなり、自分の言動や考え方が変化していくことが感じられるはずです。パートナーと互いに学び合い、影響を与え合いながら自己を成長させていくことができるのがタンデム学習の大きな魅力です。このことからも、タンデム学習ではパートナーと良い関係を築き、協働で学ぶ能力が大変重要であると言えます。

# 1. 시작하면서

여러분은 외국어를 학습하면서 '목표 언어를 더 이야기하고 싶다' '원어민 친구가 있으면 좋겠다' '현지인의 생생한 목소리를 들어보고 싶다' '지금 유행하는 것을 알고 싶다' '친구 언어로 이야기해 보고 싶다' '부담 없이 질문할 수 있는 튜터가 있으면 좋겠다' 이런 생각을 해본 적은 없나요?

탄뎀학습에서는 여러분이 배우고 있는 언어의 원어민 화자와 관심있는 것에 대하여 자유롭게 이야기할 수 있습니다. 서로 학습자이기 때문에 '안 통하면 어떡하지?' '잘 못해서 부끄럽다' '말하는데 시간이 오래 걸려서 미안하다' '하고 싶은 말은 있지만 문장을 마지막까지 완성시키지 못할 것 같다' 등과 같은 걱정은 하지 않아도 됩니다. 분명 파트너도 같은 마음일 겁니다. 만약 파트너가 목표 언어를 아주 잘 한다고 하더라도 이전에는 이런 불안함이나 당황스러움을 느끼고 있었을 것입니다. 그것을 극복한 파트너에게 학습 방법이나 경험담 등을 물어보는 것도 좋을 것 같습니다.

탄뎀학습에 참가하는 학습자는 언어 수준에 상관없이 서로 상대에게 많은 것을 배우고 싶어합니다. 대화를 하면서 상대의 생활이나 가치관, 의사소통 방법의 차이 등을 알게 되면 왜 그런지 이야기해 봅시다. 어느 쪽이 옳다 거나 우수하다고 하는 것이 아니라 새로운 시각을 배운다는 생각으로 객관적으로 이야기해 봅시다. 하나 하나의 깨달음이 배움이 되어 자신의 언행이나 사고방식을 변화해간다는 것을 느낄 수 있을 것입니다. 파트너와 상호 배우고 영향을 주면서 자신을 성장시킬 수 있는 것이 탄뎀학습의 큰 매력입니다. 이러한 면에서도 탄뎀학습에서는 파트너와 좋은 관계를 형성하고 협동하여 배우는 능력이 매우 중요하다고 말 할 수 있습니다.

ところで、このような協働で学ぶタンデム学習を成立させるためには、学習者の自律性が前提にあることを忘れてはなりません。タンデム学習は教師が何か教えるのではなく、学習者であるみなさんが何をどのように学ぶかを決め、パートナーと協力しながら学んでいく自律的な学習です。そのため、何のために学ぶのかを明確にし、自ら学習目標を立て、計画し、行動していくことが必要となってきます。つまり、みなさんが主体となって自分で考え、自分の学習をデザインしていかなければならないのです。

このハンドブックはみなさんの自律的な学習をサポートすることを目的に制作しました。本書では無理なく自律学習を進められるよう、学習の準備段階からステップごとに解説とワークシートを載せています。ワークシートにはできるだけ実際の記入例を提示し、どのようなことを書けばいいかイメージしやすいようにしています。また、みなさんの学習をすべて記録できるよう、「学習日誌」のシートも十分に確保しています。最初は白紙のワークシートが並んでいるだけですが、少しずつシートを埋めていくことで、みなさん一人一人のオリジナルのポートフォリオが出来上がっていきます。このハンドブックを大いに活用していただき、本書がみなさんのかけがえのない成長記録となることを切に願っています。

最後に、本書の韓国語の執筆を快く引き受けてくださった鄭起永先生に深謝申し上げます。また、本書の執筆にあたり、タンデム授業をともに運営してきた同僚の先生方のご協力にも心より感謝の意を表します。

＊本書は著者(平中ゆかり)の博士学位論文「学習者オートノミーを育む日本語-韓国語タンデム授業のコースデザインに関する研究」の後続作業として開発した『Tandem Language Learning Handbook』(2022)の改訂版である。

그리고 이러한 협동으로 배우는 탄템학습을 성립시키기 위해서는 학습자의 자율성이 전제되어 있어야 한다는 것을 잊어서는 안됩니다. 탄템학습은 교수자가 무엇인가를 가르치는 것이 아니라 학습자인 여러분이 무엇을 어떻게 배울 것인가를 결정하고 파트너와 협력하면서 공부해가는 자율적인 학습입니다. 그렇기 때문에 무엇을 배울 것인가를 명확히 하고 스스로 학습목표를 세우고 계획하여 행동해가는 것이 필요합니다. 여러분이 주체가 되어 스스로 생각하고 자신의 학습을 디자인해 나가야 합니다.

본 핸드북은 여러분의 자율적인 학습을 지원하기 위한 목적으로 제작하였습니다. 본서에서는 여러분이 보다 쉽게 자율학습을 전개할 수 있도록 학습의 준비 단계에서부터 매 단계마다 해설과 워크시트를 마련해 두었습니다. 워크시트에는 가능한한 실제 기입 사례를 제시하여 어떤 내용을 쓰면 되는지 이미지 하기 쉽도록 하고 있습니다. 또한 여러분의 학습을 모두 기록할 수 있도록 '학습일지' 시트도 충분히 확보해 두었습니다. 처음에는 빈칸의 워크시트를 나열해 두었습니다만 조금씩 시트를 채워 나가게 되면 여러분 한 사람 한사람의 오리지날 포트폴리오가 완성되어 갑니다. 본 핸드북을 많이 활용하여 본서가 여러분의 매우 소중한 성장기록이 될 수 있기를 간절히 바랍니다.

마지막으로 이 책 집필을 도와주시고 한국어 집필을 흔쾌히 맡아 주신 정기영교수님께 깊은 감사의 말씀을 드립니다. 또한, 탄템수업을 함께 운영해 온 동료 교수님들의 도움에도 진심으로 감사의 뜻을 표합니다.

* 이 책은 저자(히라나카 유카리)의 박사 학위 논문 「학습자의 자기주도학습 능력 함양을 위한 일본어・한국어 탄템 수업의 코스디자인에 관한 연구」의 후속 작업으로 개발한 "Tandem Language Learning Handbook"(2022)의 개정판이다.

# 2. タンデム学習とは

## 1 タンデム学習とは

母語の異なる二人の話者が、協働で互いの母語や文化を学び合う学習法

## 2 タンデム学習の原則

| 自律性<br>Learner autonomy | 互恵性<br>Reciprocity |
|---|---|
| 自分の学習を自分で決める | 互いに学び合う |

## 3 タンデム学習の方法

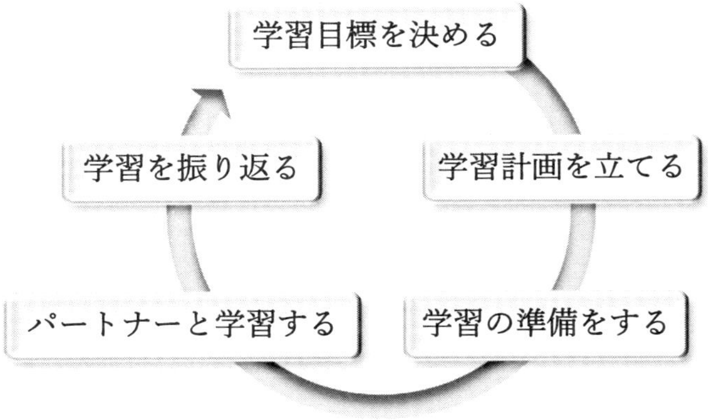


## 4 タンデム学習で努力すること

1) お互いの言語を学ぶ時間を等しくしましょう。
2) コミュニケーションを通して学ぶことを意識しましょう。
3) 自分の学習を自分で管理しましょう。
4) パートナーの学習に貢献できるよう努力しましょう。
5) 困ったことやわからないことがあれば、積極的に教師に相談しましょう。

## 2. 탄뎀학습이란?

### 1 탄뎀학습이란?

모국어가 다른 두 명의 학습자가 협동하면서 서로의 모국어와 문화를 배우는 학습법

### 2 탄뎀학습의 원칙

| 자율성<br>Learner autonomy | 호혜성<br>Reciprocity |
|---|---|
| 자기 학습을 자기가 결정한다 | 서로 배운다 |

### 3 탄뎀학습의 방법

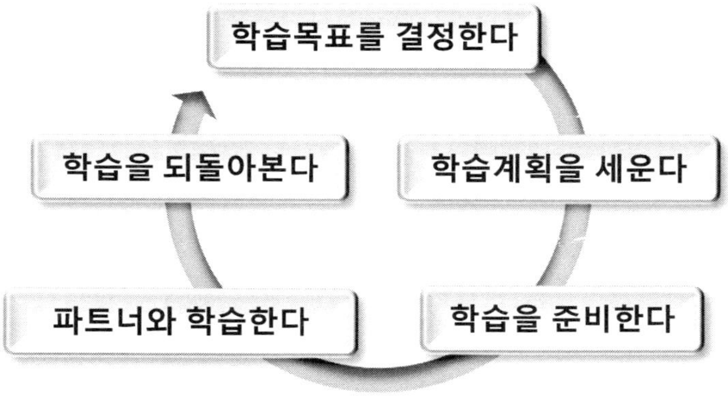


### 4 탄뎀 학습에서 노력해야 할 것들

1) 서로의 언어를 배우는 시간을 동등하게 지킵시다.
2) 커뮤니케이션을 통해서 배운다는 것을 의식합시다.
3) 자기의 학습을 스스로 관리합시다.
4) 파트너의 학습에 공헌할 수 있도록 노력합시다.
5) 곤란한 일이나 모르는 것이 있으면 적극적으로 교사에게 상담합시다.

## 3. タンデム学習の目標

### 1 目標言語能力を向上させる

自分のニーズやレベルに合わせて達成目標を設定し、目標言語能力を向上させましょう。

### 2 相互文化理解を深める

文化は地域や環境、人によって様々です。タンデム学習ではパートーナーを通してその国や地域の実際の生活や価値観に触れることができます。共通点や相違点を見つけたり、なぜそうなのかを話し合ったりしながら、文化に対する相互理解を深めていきましょう。

### 3 パートナーとの交流を深める

タンデム学習を行うためにはパートナーとの協働が欠かせません。互いに学習スタイルや性格、価値観などが異なっていても、相手の言語や文化を学びたいという気持ちは同じはずです。相手を尊重し、自分の考えもしっかり伝えながら互いの信頼関係を構築することも重要なコミュニケーションスキルの1つです。柔軟な姿勢で交流を楽しみましょう。

### 4 自律学習能力を向上させる

タンデム学習では、何をどのように学ぶかを自ら計画し、その結果どのような学習効果が得られたかを自己評価し、よりよい学習につなげていくという自律学習サイクルを繰り返しながら個人の目標達成を目指します。自律学習を効果的に行うためには学びのプロセスを意識し、自らの学びを客観視することの重要性に気付くことが大切です。自分の成長を意識的にふり返る習慣をつけましょう。

## 3. 탄뎀학습의 목표

### 1 목표언어능력을 향상시킨다

자신의 니즈와 수준에 맞추어서 달성목표를 설정하고 목표 언어 능력을 향상시킵시다.

### 2 상호문화 이해를 심화시킨다

문화는 지역이나 환경, 사람에 따라 다양합니다. 탄뎀학습에서는 파트너를 통해 그 나라와 지역의 실제 생활과 가치관에 접할 수가 있습니다. 상호 문화의 공통점과 상이점을 발견하여 왜 그런지 얘기하면서 문화에 대한 상호 이해를 심화시켜 갑시다.

### 3 파트너와의 교류를 심화시킨다

탄뎀학습을 하기 위해서는 파트너의 협동이 필수적입니다. 서로 학습 스타일이나 성격, 가치관 등이 달라도 상대의 언어나 문화를 배우고 싶다는 마음은 동일할 것입니다. 상대를 존중함과 동시에 자신의 생각도 확실히 전달하면서 상호 신뢰 관계를 구축하는 것도 중요한 커뮤니케이션 스킬의 하나입니다. 유연한 자세로 교류를 즐깁시다.

### 4 자기주도학습 능력을 상향시킨다

탄뎀학습에서는 무엇을 어떻게 배울 것 인가를 스스로 계획하고, 그 결과 어떠한 학습 효과가 있었는지를 자기 평가하여 더 좋은 학습으로 연결시켜 나가는 자기주도학습 사이클을 반복하면서 개인의 목표 달성을 지향합니다. 자기주도 학습을 효과적으로 실시하기 위해서는 배움의 프로세스를 의식함과 동시에 스스로의 배움을 객관화시켜 바라보고 그 중요성을 깨닫는 것이 필요합니다. 스스로의 성장을 의식적으로 되돌아는 습관을 만듭시다.

## 4. 科目の概要

| | | |
|---|---|---|
| 専攻 | 科目名 | 日本語韓国語Tandem学習 |
| | 時間／単位 | 週３時間／3単位 |
| | 授業形態 | 日本人学生と韓国人学生が1:1のパートナーで協働学習 |
| | 評価内容／方式 | 出席(20) 中間(15) 期末(15) 学習日誌(30) 体験学習・発表(15) その他(5)／絶対評価　＊( )内の数字は割合 |
| 教養 | 科目名 | タンデムで学ぶ日韓文化 |
| | 時間／単位 | 週３時間／3単位 |
| | 授業形態 | 日本人学生と韓国人学生が3~4名のグループで協働学習 |
| | 評価内容／方式 | 出席(20) 中間(10) 期末(10) 学習日誌(30) 体験学習・発表(20) その他(10)／ P/NP　＊( )内の数字は割合 |

1 出席について

授業を欠席すると、本人だけでなくパートナーもその週の学習ができなくなります。特別な理由がない限り、授業には必ず出席してください。どうしても欠席しなければならない場合はできるだけ早く担当教員に連絡してください。

2 学習日誌について

自分の学習を管理し、タンデム学習をより有意義な学びの場にしていくために、毎回自分の学習を記録し、振り返ります。振り返りを通して得られた気づきを次の学習に生かすことが大切です。

3 学習日誌作成方法　＊学習日誌のフォーム参照 (p53～、シート⑤-Aと ⑤-B )

1) 学習日誌は【学習内容】(シート⑤-A)と【ふり返り】(シート⑤-B)の2種類があります。
2) 【学習内容】は目標言語で、【ふり返り】は母語で作成します。
3) 【学習内容】で書いた文章をパートナーに訂正してもらいます。

## 4. 과목 개요

| | | |
|---|---|---|
| 전공 | 과목명 | 일본어한국어Tandem학습 |
| | 시간／학점 | 주 3시간／3학점 |
| | 수업방식 | 한국인 학생과 일본인 학생이 1:1 파트너로 협동학습 |
| | 평가내용／방식 | 출석(20) 중간(15) 기말(15) 학습일지(30) 체험학습, 발표(15) 기타(5)／절대평가　* ( )속 숫자는 배점 비율 |
| 교양 | 과목명 | 탄뎀으로배우는한일문화 |
| | 시간／학점 | 주 3시간／3학점 |
| | 수업방식 | 한국인 학생과 일본인 학생 3~4명이 그룹으로 협동학습 |
| | 평가내용／방식 | 출석(20) 중간(10) 기말(10) 학습일지(30) 체험학습, 발표(20) 기타(10)／P/NP　* ( )속 숫자는 배점 비율 |

### 1 출석에 대하여

수업을 결석하면 본인 뿐만 아니라 파트너도 해당 주의 학습이 불가능 해집니다. 특별한 이유가 없는 한 수업에 반드시 참석해 주시기 바랍니다. 어쩔 수 없이 결석해야 하는 경우에는 미리 담당 교수에게 연락해 주세요.

### 2 학습일지에 대하여

자신의 학습을 스스로 관리하고 탄뎀수업을 보다 의미 있는 학습의 장으로 활용하기 위해 매주 자신이 학습한 내용을 기록하고 되돌아봅니다. 되돌아보기를 통해 새롭게 깨닫게 된 점이 있다면 그것을 다음 학습에 잘 활용하는 것이 중요합니다.

### 3 학습일지 작성방법　* 학습일지 시트 참조 (p53~, 시트 ⑤-A와 ⑤-B )

1) 학습일지는 【학습내용】 (시트 ⑤-A )과 【되돌아보기】 (시트 ⑤-B) 2종류가 있습니다.
2) 【학습내용】 은 목표언어로, 【되돌아보기】 는 자신의 모어로 작성합니다.
3) 【학습내용】 에서 작성한 문장을 파트너에게 수정 받습니다.

4) E-class に【学習内容】(パートナーに訂正してもらったもの)と【ふり返り】を提出します。＊【学習内容】は訂正箇所がわかるようにして提出してください。

## 4 中間・期末考査について

中間・期末考査はそれぞれレポートと会話試験を行います。会話試験は目標言語を積極的に使っているか、比較や質問などをして内容を深めようとしているか、相手への配慮があるか、などが評価の基準となります。レポートでは自身の学習活動を掘り下げてふり返ることができているかどうかを評価します。

＊評価の内容は変更になる場合があります。

## 5 自己評価、ピア評価について

中間・期末考査ともに、自己評価とピア評価を行います。評価内容は下の表を参照してください。

＜自己評価、ピア評価(例)＞

| 内容 | 点数 | 評価理由 |
|---|---|---|
| 私は授業の準備を熱心にした | | |
| 私は授業中、目標言語を積極的に使った | | |
| 私はパートナーの学習に貢献しようと努力した | | |

| 内容 | 点数 | 評価理由 |
|---|---|---|
| ○○さんは授業の準備を熱心にした | | |
| ○○さんは授業中、目標言語を積極的に使った | | |
| ○○さんは私の学習に貢献しようと努力した | | |

## 6 学習姿勢について

事前準備を十分にし、授業中積極的に目標言語を話す努力をしましょう。また、相手の話す内容に関心を持ち相互理解に努め、パートナー／メンバーの学習に貢献することも意識しながら学習に取り組みましょう。

4) E-class에 【학습내용】(파트너에게 수정 받은 것)과 【되돌아보기】를 제출합니다. * 【학습내용】은 수정을 받은 부분을 알 수 있도록 해서 제출해 주세요.

## 4 중간·기말고사에 대하여

중간고사와 기말고사는 각각 리포트와 회화시험을 실시합니다. 회화시험은 목표 언어를 적극적으로 사용하고 있는가? 비교나 질문 등을 하면서 대화 내용을 깊이 있게 파고 들고 있는가? 상대방에 대한 배려가 있는가? 등이 평가의 기준이 됩니다. 리포트는 자신의 학습활동을 심층적으로 되돌아보고 있는가를 평가합니다.

* 평가 내용은 변경될 경우가 있습니다.

## 5 자기평가 동료평가에 대하여

중간고사, 기말고사와 함께 자기평가 동료평가를 실시합니다. 평가내용은 아래 표를 참조해주세요.

< 자기평가, 동료평가(예) >

| 내용 | 점수 | 평가이유 |
|---|---|---|
| 나는 수업준비를 열심히 했다 | | |
| 나는 수업 중 목표언어를 적극적으로 사용했다 | | |
| 나는 파트너의 학습에 공헌하려고 노력했다 | | |

| 내용 | 점수 | 평가이유 |
|---|---|---|
| ㅇㅇ씨는 수업준비를 열심히 했다 | | |
| ㅇㅇ씨는 수업 중 목표언어를 적극적으로 사용했다 | | |
| ㅇㅇ씨는 나의 학습에 공헌하려고 노력했다 | | |

## 6 학습태도에 대하여

학습을 위한 사전 준비를 충분히 하여 수업 중에 적극적으로 목표언어를 사용하려고 노력합시다. 또한 상대의 이야기 내용에 관심을 가지고 상호이해를 하려고 노력함과 동시에 파트너/맴버의 학습에 공헌하는 것도 의식하면서 학습에 임해 주세요.

## 5. 週別活動計画

**専攻** | 日本語韓国語Tandem学習

| 週 | 日 | 活動内容 | 課題 |
|---|---|---|---|
| 1 | | | |
| 2 | | | |
| 3 | | | |
| 4 | | | |
| 5 | | | |
| 6 | | | |
| 7 | | | |
| 8 | | | |
| 9 | | | |
| 10 | | | |
| 11 | | | |
| 12 | | | |
| 13 | | | |
| 14 | | | |
| 15 | | | |

## 5. 주별 활동계획

**전공** | 일본어한국어Tandem학습

| 주 | 일 | 활동내용 | 과 제 |
|---|---|---|---|
| 1 | | | |
| 2 | | | |
| 3 | | | |
| 4 | | | |
| 5 | | | |
| 6 | | | |
| 7 | | | |
| 8 | | | |
| 9 | | | |
| 10 | | | |
| 11 | | | |
| 12 | | | |
| 13 | | | |
| 14 | | | |
| 15 | | | |

**教養**｜タンデムで学ぶ韓日文化

| 週 | 日 | 活動内容 | 課 題 |
|---|---|---|---|
| 1 | | | |
| 2 | | | |
| 3 | | | |
| 4 | | | |
| 5 | | | |
| 6 | | | |
| 7 | | | |
| 8 | | | |
| 9 | | | |
| 10 | | | |
| 11 | | | |
| 12 | | | |
| 13 | | | |
| 14 | | | |
| 15 | | | |

**교양** | 탄뎀으로배우는한일문화

| 주 | 일 | 활동내용 | 과 제 |
|---|---|---|---|
| 1 | | | |
| 2 | | | |
| 3 | | | |
| 4 | | | |
| 5 | | | |
| 6 | | | |
| 7 | | | |
| 8 | | | |
| 9 | | | |
| 10 | | | |
| 11 | | | |
| 12 | | | |
| 13 | | | |
| 14 | | | |
| 15 | | | |

## 6. 学習の進め方

一回のタンデム授業はおおよそ次のように進めます。

| 区分 | 形態 | 活動内容 |
|---|---|---|
| Part 1 | ペア／<br>グループ | ＜学習準備＞<br>1) 学習目標をパートナー／メンバーに伝える<br>2) パートナー／メンバーにどのように学習を手伝ってほしいかを伝える<br>3) その日の学習の進め方を話し合う |
| Part 2 | ペア／<br>グループ | ＜学習活動＞<br>1) タンデム学習（前半）〔日本語／韓国語〕<br>2) タンデム学習（後半）〔韓国語／日本語〕<br>＊前半と後半で言語を替えて話す<br>＊日本語の学習と韓国語の学習はどちらを先にしてもよい<br>＊日本語と韓国語の学習時間を等しくする |
| Part 3 | ペア／<br>グループ | ＜まとめ＞<br>1) 学習日誌の【学習内容】を目標言語で作成し、パートナーに訂正してもらう<br>2) 訂正箇所についてフィードバックを行う<br>3) 次回の学習テーマを決め、学習計画を立てる<br>（p.39〜、シート④に記入する）<br>4) 学習した内容や個人の気づきなどをクラスで共有する<br>＊必要に応じて学習相談やカウンセリングなども行う |

# 6. 학습 진행 방법

한 번의 탄뎀학습은 대략 다음과 같이 진행됩니다.

| | 형태 | 활동 내용 |
|---|---|---|
| 파트 1 | 페어/그룹 | 〈학습 준비〉<br>1) 학습목표를 파트너/맴버에게 전달한다<br>2) 파트너/맴버에게 어떻게 학습을 도와주면 좋을지 요구사항을 전달한다.<br>3) 그날의 학습의 진행 방법을 이야기한다. |
| 파트 2 | 페어/그룹 | 〈학습 준비〉<br>1) 탄뎀학습(전반) [일본어/한국어]<br>2) 탄뎀학습(후반) [한국어/일본어]<br>* 전반과 후반에는 언어를 바꾸어 학습한다<br>* 일본어 학습과 한국어 학습은 어느 쪽을 먼저 해도 좋다<br>* 일본어와 한국어의 학습시간을 동일하게 한다. |
| 파트 3 | 페어/그룹 | 〈정리〉<br>1) 학습일지의 [학습내용]을 목표 언어로 작성하고 파트너에게 수정 받는다<br>2) 정정 또는 수정 부분을 확인하고 피드백을 실시한다<br>3) 다음 번 학습 테마를 정하고 학습 계획을 세운다 (p.39~, 시트④에 기입한다)<br>4) 학습한 내용이나 수업에서 개인적으로 느낀 점 등을 클래스에서 공유한다.<br>*필요에 따라서 교사에게 학습 상담이나 카운슬링 등도 실시한다. |

# 7. 学習例

下の＜学習例＞や＜学習テーマの例＞を参考にして、パートナー／メンバーとどのような学習をしたいか話し合ってみましょう。

＜学習例＞

| テーマ（例） | 学習方法（例） |
|---|---|
| (1)観光地 | ・パンフレットや写真、記念品などを見せながら、自分の行ったことのある、または行きたい観光地について説明する。<br>・観光に関する社会問題や解決策について調べて話し合う。<br>・観光プランを一緒に作る。 |
| (2)方言 | ・出身地の方言を紹介し、その方言を使っている映画やドラマのシーンを見たり、例文を作ったりする。<br>・方言にまつわるエピソードや方言に対する自分の見解を話す。 |
| (3)化粧品 | ・自分の使っている化粧品を持ってきて、その特徴や使い方を説明し、実際に使ってみる<br>・化粧品の種類や広告方法、キャッチフレーズなどの共通点や相違点について話し合う |

＜学習テーマの例＞

▪観光・旅行　▪交通機関　▪食べ物・料理　▪おいしい店　▪趣味　▪音楽　▪ドラマ・映画　▪スポーツ　▪学校・教育　▪習い事　▪部活　▪将来の夢　▪怖い話　▪マナー　▪恋愛・理想形　▪デートスポット　▪結婚　▪家族　▪方言　▪流行っているもの　▪若者言葉　▪SNS　▪心理テスト・占い　▪祭　▪プレゼント　▪祝日　▪記念日　▪伝統文化・遊び　▪ことわざ・慣用句　▪難しい発音　▪擬声語・擬態語　▪本・雑誌　▪健康　▪ダイエット　▪人間関係　▪アルバイト　▪住宅事情　▪キャラクター　▪就活　▪美容成形　▪民間療法　▪バケットリスト　▪ニュース　▪事件・事故　▪化粧・おしゃれ　▪ファッション　▪一人暮らし　▪特別な体験　▪ボランティア　▪政治・経済　▪ネットショッピング　▪お酒　▪年中行事　▪風習　▪冠婚葬祭　▪ペット　など

# 7. 학습 예시

아래의 〈학습 예시〉나 〈학습 테마 예시〉를 참고하여 파트너/멤버와 함께 어떤 학습 테마로 어떻게 학습하면 좋을지에 대해 이야기해 봅시다.

### < 학습예시 >

| 테마(예) | 학습 방법(예) |
|---|---|
| (1)관광지 | · 팜플렛이나 사진, 기념품 등을 보여주며 자신이 가본 적이 있거나 또는 가고 싶은 관광지에 대해 설명한다.<br>· 관광에 관한 사회문제나 해결책에 대해서 조사해서 이야기한다.<br>· 관광플랜을 같이 만든다 |
| (2)방언 | · 자신의 출신지 사투리를 소개하고 그 사투리가 나오는 영화나 드라마 장면을 보거나 예문을 만든다.<br>· 방언에 관련된 에피소드나 방언에 대한 자신의 견해를 이야기한다. |
| (3)화장품 | · 자신이 쓰고 있는 화장품을 가져와 그 특징과 사용법을 설명하고 실제로 사용해 본다.<br>· 화장품의 종류나 광고 방법, 광고문구 등 공통점이나 상이점에 대해서 이야기를 나눈다. |

### < 학습 테마 예시 >

▪관광, 여행 ▪교통기관▪음식, 요리 ▪맛집 ▪취미 ▪음악 ▪드라마, 영화 ▪스포츠 ▪패션 ▪학교, 교육 ▪사교육 ▪동아리 활동 ▪장래의 꿈 ▪무서운 이야기 ▪매너 ▪연애, 이상형 ▪뉴스 ▪데이트 스팟 ▪결혼 ▪가족 ▪방언 ▪유행하는 것 ▪젊은이 말 ▪SNS ▪심리테스트, 점 ▪축제 ▪선물 ▪공휴일 ▪기념일 ▪전통문화, 놀이 ▪속담, 관용구 ▪어려운 발음 ▪의성어, 의태어 ▪책, 잡지 ▪건강 ▪다이어트 ▪인간관계 ▪아르바이트 ▪주택사정 ▪캐릭터(지역 마스코트) ▪취업활동 ▪성형 ▪민간요법 ▪버킷리스트 ▪뉴스 ▪사건, 사고 ▪화장, 멋내기 ▪패션 ▪자취 ▪특별한 체험 ▪봉사활동 ▪정치, 경제 ▪인터넷 쇼핑 ▪술 ▪연중행사 ▪풍습 ▪관혼상제 ▪애완동물 등

# 8. 自律学習について

## [1] 自律学習とは

自律学習とは、今、自分が学びたいことや学ぶ必要があることを明確にし、その上で自ら到達目標を設定し、学習を進めるプロセスです。自律学習ではみなさんが主役となります。本当にやりたいことをみつけて自由な発想で、自分のための学習活動をデザインしていってください。教師の役割はみなさんが主体的に学習を進められるようサポートすることです。わからないことや困ったことがあればいつでも相談してください。

## [2] 自律学習のプロセス

| 意識する | 計画する | 実行する | ふり返る |
|---|---|---|---|
| ・自分の求めていることを明確にする<br>・現在の言語能力を把握する<br>・到達目標を決める | 学習計画を立てる<br>・学習テーマ<br>・学習目標<br>・学習方法<br>・学習準備 | 計画に従ってパートナー/メンバーと協力しながら学習を行う | 目標達成度を自己評価し、改善点を次の学習に生かす |
| ①ニーズ分析<br>②目標言語能力診断<br>③到達目標 | ④学習計画表 | | 学習日誌<br>⑤-A<br>【学習内容】<br>⑤-B<br>【ふり返り】 |

＊①～⑤は後ろに掲載されているワークシート①～⑤に記入してください。

# 8. 자기주도학습 알아보기

## 1 자기주도학습

자기주도학습(자율학습)이란 지금 내가 배우고 싶은 것이나 배울 필요가 있는 것을 명확히 하고 그 다음 스스로 도달 목표를 설정하여 학습을 진행하는 과정입니다. 자기주도학습에서는 여러분들이 주역입니다. 정말 하고 싶은 것을 찾아서 자유로운 발상으로 자신을 위한 학습 활동을 디자인해보세요. 교사의 역할은 여러분이 주체적으로 학습을 진행할 수 있도록 도와주는 일입니다. 모르는 것이나 곤란한 일이 있으면 언제든지 상담해 주세요.

## 2 자기주도학습 프로세스

| 의식한다 | 계획한다 | 실행한다 | 되돌아본다 |
|---|---|---|---|
| · 자신이 요구하고 있는 것을 명확히 한다<br>· 현재의 언어 능력을 파악한다.<br>· 도달목표를 정한다. | 학습계획을세운다<br>· 학습 테마<br>· 학습목표<br>· 학습방법 | 계획에 따라 파트너/맴버와 협력하면서 학습한다 | 목표 달성도를 자기평가하여 개선점을 다음 학습에 활용한다. |
| ①니즈분석<br>②목표언어능력 진단<br>③도달목표 | ④학습계획표 | | 학습일지<br>⑤-A<br>【학습내용】<br>⑤_B<br>【되돌아보기】 |

*①~⑤은 후반부에 게재되어 있는 워크 시트 ①~⑤에 기입해주세요.

## 9. ニーズ分析をしよう

ニーズ分析は自分に必要なことを意識化するために行います。具体的には、なぜその言語を学んでいるのか、その言語を使ってどのようなことがしたいのか、そのためにはどのような能力が必要なのか、どのようなことに関心があるのかなどを自分に問いかけて、今後学ばなければならないこと、または学びたいことを明確にしていきます。

p.25のワークシート①「ニーズ分析」に記入しながら、どのような能力を身に付けたいか考えてみましょう。

## 10. 目標言語能力を自己診断しよう

学習しようとする言語のことを目標言語といいます。タンデム学習を始める前に、現在目標言語を使って何をどの程度できるかを自己診断し、今後どのような能力を伸ばしていく必要があるかを考え、p.26のワークシート②に記入しましょう。そして、定期的にどの程度目標言語能力が向上したかを確認していきましょう。目標言語能力のレベルは、p.27の表「CEFR共通参照レベル：全体的な尺度」を見て自己診断してください。

* 本書のp.27の表は、吉田茂他（訳・編）（2014）『外国語の学習、教授、評価のためのヨーロッパ共通参照枠』 p.25 の表1「共通参照レベル：全体的な尺度」を参照した。cefr31.pdf (goethe.de)（2024.07.11閲覧）

## 9. 니즈분석하기

니즈분석은 자신에게 필요한 것을 의식화하기 위해서 실시합니다. 구체적으로는 왜 그 언어를 배우고 있는지, 그 언어를 사용해서 어떤 일을 하고 싶은 지, 그러기 위해서는 어떤 능력이 필요한지, 어떤 것에 관심이 있는지 등을 자신에게 물어보고 앞으로 배워야 할 것, 또는 배우고 싶은 것을 명확하게 하는 것입니다.

P.25의 워크 시트① 「니즈분석」 에 기입하면서 어떤 능력을 갖추고 싶은 지 생각해 봅시다.

## 10. 목표언어능력 자기진단 하기

학습하고자 하는 언어를 목표언어라고 합니다. 탄뎀학습을 시작하기 전에 현재 내가 목표언어를 사용해서 무엇을 어느 정도 할 수 있는지를 자가진단하고 앞으로 어떠한 능력을 향상시킬 필요가 있는 지을 생각하면서 p.26의 워크시트 ②에 기입합시다. 그리고 정기적으로 어느 정도 목표언어능력이 향상되었는지 확인해 갑시다. 목표언어 능력의 판단 기준은 p.27 표「CEFR 공통참조수준 : 전체적인 척도」 보고 자기 판단해주세요.

* 본서의 p27의 표는 吉田茂他 (訳・編) (2014) 『外国語の学習′ 教授′ 評価のためのヨーロッパ共通参照枠』 p.25의 표1「共通参照レベル：全体的な尺度」를 참조하였다. cefr31.pdf (goethe.de) (2024.07.11 열람)

| シート/시트 ① | ニーズ分析 / 니즈분석 |
|---|---|

作成日/작성일 :　　　　年　　月　　日

| 氏名/이름 | 学番/학번 | 学部・学科/학부·학과 | 学年/학년 |
|---|---|---|---|
| | | | |

以下の質問に母語で答えてください。/ 이하 질문에 모국어로 대답해주세요.

1. 韓国語を学びはじめたきっかけや理由は何ですか。
일본어를 학습하게 된 계기나 이유는 무엇입니까?

2. 韓国語を使って、どのような場面でどのようなことができるようになりたいですか。/ 일본어를 사용해서 어떤 장면에서 무엇을 하고 싶습니까?

3. 2.のことを実現するためにはどのような能力が必要だと思いますか。
2.에서 기술한 것을 실현하기 위해 어떤 능력이 필요하다고 생각합니까?

4. 韓国のどんなことに興味や関心がありますか。
일본의 어떤 것에 흥미나 관심이 있습니까?

## ワーク/시트 ② | 目標言語能力診断 / 목표언어능력진단

作成日/작성일： 年 月 日

| 氏名/이름 | 学番/학번 | 学部・学科/학부·학과 | 学年/학년 |
| --- | --- | --- | --- |
| | | | |

以下の質問に母語で答えてください。/ 이하 질문에 모국어로 대답해주세요.

1. 韓国語の学習を始めたのはいつですか。学習期間はどのくらいですか。
일본어 학습을 시작한 것은 언제 입니까? 학습한 기간은 어느 정도입니까?

2. 韓国語能力を自己診断してください。/ 일본어능력 자기진단을 해주세요.

1) p.27のCEFRの表で現在のレベルをチェックし、自身の目標言語能力について簡潔に説明してください。/ p.27 CEFR 표에서 현재의 레벨을 체크하고 자신의 목표언어능력에 대해서 간결하게 설명해주세요.

2) 韓国語を使う状況や場面でどのようなことが難しいですか。
일본어를 사용하는 상황이나 장면에서 어떤 것이 어렵습니까?

3) どのようなことを学ぶ必要があると思いますか。
어떤 것을 배워야 한다고 생각합니까?

CEFR 共通参照レベル：全体的な尺度

| 自己診断した日付を記入し、当てはまる欄にチェックしてください。 | | | / | / | / |
|---|---|---|---|---|---|
| 熟達した言語使用者 | C2 | 聞いたり、読んだりしたほぼ全てのものを容易に理解することができる。いろいろな話し言葉や書き言葉から得た情報をまとめ、根拠も論点も一貫した方法で再構成できる。自然に、流暢かつ正確に自己表現ができ、非常に複雑な状況でも細かい意味の違い、区別を 表現できる。 | 学期始め | 中間 | 期末 |
| | C1 | いろいろな種類の高度な内容のかなり長いテクストを理解することができ、含意を把握できる。言葉を探しているという印象を与えずに流暢に、また自然に自己表現ができる。社会的、学問的、職業上の目的に応じた、柔軟な、しかも効果的な言葉遣いができる。複雑な話題について明確で、しっかりとした構成の詳細なテクストを作ることができる。その際テクストを構成する字句や接続表現、結束表現の用法をマスターしていることがうかがえる。 | | | |
| 自立した言語使用者 | B2 | 自分の専門分野の技術的な議論も含めて、抽象的かつ具体的な話題の複雑なテクストの主要な内容を理解できる。お互いに緊張しないで母語話者とやり取りができるくらい流暢かつ自然である。かなり広汎な範囲の話題について、明確で詳細なテクストを作ることができ、さまざまな選択肢について長所や短所を示しながら自己の視点を説明できる。 | | | |
| | B1 | 仕事、学校、娯楽で普段出会うような身近な話題について、標準的な話し方であれば主要点を理解できる。その言葉が話されている地域を旅行しているときに起こりそうな、たいていの事態に対処することができる。身近で個人的にも関心のある話題について、単純な方法で結びつけられた、脈絡のあるテクストを作ることができる。経験、出来事、夢、希望、野心を説明し、意見や計画の理由、説明を短く述べることができる。 | | | |
| 基礎段階の言語使用者 | A2 | ごく基本的な個人的情報や家族情報、買い物、近所、仕事など、直接的関係がある領域に関する、よく使われる文や表現が理解できる。簡単で日常的な範囲なら、身近で日常の事柄についての情報交換に応ずることができる。自分の背景や身の回りの状況や、直接的な必要性のある領域の事柄を簡単な言葉で説明できる。 | | | |
| | A1 | 具体的な欲求を満足させるための、よく使われる日常的表現と基本的な言い回しは理解し用いることもできる。自分や他人を紹介することができ、どこに住んでいるか、誰と知り合いか、持ち物などの個人的情報について、質問をしたり、答えたりできる。もし、相手がゆっくり、はっきりと話して、助け船を出してくれるなら簡単なやり取りをすることができる。 | | | |

## CEFR 공통참조수준 : 전체적 척도

| | | 자기진단한 날짜를 기입하고 해당하는 란에 체크해주세요. | / | / | / |
|---|---|---|---|---|---|
| 숙달된 언어사용자 | C2 | 듣는다든지, 읽는다든지 거의 모든 것을 쉽게 이해할 수 있다. 여러 가지 구어와 문어에서 얻어진 정보를 정리해서 근거도 논점도 일관된 방법으로 재구성할 수 있다. 자연스럽게 유창함과 동시에 정확히 자기표현을 할 수 있고, 상당히 복잡한 현상에 대해서도 세세한 의미의 차이 구별을 표현할 수 있다. | 학기초 | 중간 | 기말 |
| | C1 | 여러 가지 종류의 수준 있는 내용의 상당히 긴 텍스트를 이해할 수 있고, 함축된 의미를 파악할 수 있다. 단어를 찾고 있다는 인상을 주지 않고 유창하게 또 자연스럽게 자기표현을 할 수 있다. 사회적, 학문적, 직업상의 목적에 따른 유연한 게다가 효과적인 단어쓰임이 가능하다. 복잡한 화제에 대해서 명확히 하고, 확실한 구성, 상세한 텍스트를 만들 수 있다. 이 때 텍스트를 구성하는 어구나 접속표현 결속표현 용법을 마스터하였음이 엿보인다. | | | |
| 자립한 언어사용자 | B2 | 자신의 전문분야의 기술적인 토론을 포함해서, 추상적이고 동시에 구체적인 화제의 복잡한 텍스트의 주요한 내용을 이해할 수 있다. 상호 긴장하지 않고 모어화자와 대화를 주고받을 정도의 유창, 동시에 자연스럽다. 상당히 광범위한 범위의 화제에 대해서 명확히 상세한 텍스트를 작성할 수 있고, 여러 가지 선택지에 대한 장점과 단점을 제시하면서 자기관점을 설명할 수 있다. | | | |
| | B1 | 일, 학교, 오락에서 보통 만날 수 있는 관계 깊은 화제에 대해서 표준적인 말하기법이라면 주요점을 이해할 수 있다. 그 언어가 사용되는 지역을 여행할 때 일어날 것 같은 대개의 사태에 대처할 수 있다. 관계 깊고 개인적으로도 관심이 있는 화제에 대해서 단순한 방법으로 연결 짓는다든지, 맥락이 있는 텍스트를 만들 수 있다. 경험, 사건, 꿈, 희망, 야심을 설명하고 의견이나 계획의 이해, 설명을 짧게 서술할 수 있다. | | | |
| 기초단계의 언어사용자 | A2 | 극히 기본적인 개인적 정보랑 가족정보, 쇼핑, 이웃, 일 등, 직접적 관계가 있는 영역에 관해 자주 사용되는 문장이나 표현을 이해할 수 있다. 간단하고 일상적인 범위라면 관계 깊고 이상의 사건에 대한 정보 교환에 응할 수 있다. 자신의 배경이나 주변 상황이랑 직접적인 필요성이 있는 영역의 사건을 간단한 단어로 설명할 수 있다. | | | |
| | A1 | 구체적인 욕구를 만족시키기 위해 자주 사용되는 일상적 표현과 기본적인 말의 표현은 이해하고, 사용할 수도 있다. 자신이나 타인을 소개할 수 있고 어디에 살고 있는지 누구와 아는 사이인지 가지고 있는 물건 등의 개인정보에 대해서 질문을 한다든지 답할 수 있다. 만약 상대가 천천히, 확실히 이야기하고 거들어 주면 간단한 주고받기는 할 수 있다. | | | |

## 11. 達成目標を決めよう

シート①「ニーズ分析」とシート②「目標言語能力診断」に記入した内容をもとに、今学期のタンデム授業を通して達成したい目標を決めます。次の1)～5)の手順に従ってp.31のシート③「今学期の達成目標」に母語で記入してください。

1) 達成目標は今学期のタンデム授業で向上させたい能力、学びたいことなどを書きましょう。目標はなるべく「～できる」という形で書いてください。
2) それぞれの目標をどのような方法で達成するかを書きましょう。
3) 下の＜目標設定チェックリスト＞で目標が適切かどうかチェックしましょう。
4) 学期のはじめ、半ば、学期末に自己評価をしましょう。目標ごとに評価点とそのように評価した理由を書いてください。
5) 学期末に今学期のタンデム学習を全体的に振り返り、自己評価しましょう。今後、さらに学びたいことや努力する必要があることなども書いてください。

＜目標設定チェックリスト＞

□ 目標は「～できる」という形で記述してあるか

□ 目標の達成度が後で評価できるか（測定、判定可能か）

□ 目標は自分の理想像に近づくためのものであるか

□ 目標はタンデム学習を通して向上させることのできるものであるか

□ パートナー/メンバーの協力が得られるか

□ 自分の言語能力を考慮しているか（難しすぎず、易しすぎず）

□ 目標を達成したいと思えるか（やる気が出るか、達成したら自信や満足感が得られるか）

# 11. 달성목표 결정하기

시트①「니즈분석」과 시트②「목표언어능력진단」에 기입한 내용을 바탕으로 이번 학기 탄뎀 수업을 통해 달성하고자 하는 목표를 정합니다. 다음 1)~5)의 절차에 따라 p.31의 시트③「이번 학기의 달성목표」에 모국어로 기입해 주세요.

1) 달성목표는 이번 학기 탄뎀 수업에서 향상시키고 싶은 능력, 배우고 싶은 것 등을 쓰십시오. 목표는 되도록이면 '~할 수 있다' 라는 형태로 써주세요.
2) 각각의 목표를 어떤 방식으로 달성할지를 적어봅시다.
3) 아래의 〈목표설정 체크리스트〉에서 목표가 적절한지를 체크해봅시다.
4) 학기 중반과 학기 말에 자체 평가를 합시다. 「* 평가기준」을 참고하여 평가 점수와 그렇게 평가한 이유를 쓰십시오.
5) 학기 말에 이번 학기 당신의 탄뎀학습 성과를 전체적으로 평가합시다. 그리고 앞으로 더 배우고 싶은 점이나 더 노력해야 될 점 등도 적어주세요.

<목표설정 체크리스트>

- □ 목표는「~할 수 있다」라는 형태로 기술되어 있는가?
- □ 목표달성도를 나중에 평가할 수 있는가(측정, 판정 가능 한가)?
- □ 목표는 자신의 이상형에 접근하기 위한 것인가?
- □ 목표는 탄뎀학습을 통해 향상시킬 수 있는 것인가?
- □ 파트너의 협력을 얻을 수 있는가?
- □ 자신의 언어능력을 고려하고 있는가(목표설정 난이도는 적절한가)?
- □ 목표를 달성하고 싶은 마음이 생기는가(의욕이 생기는가, 달성하면 자신감, 만족감을 얻을 수 있는가)?

## シート/시트 ③ 今学期の達成目標 / 이번 학기 달성목표

| 氏名/이름 | 学番/학번 | 学部・学科/학부 ·학과 | 学年/학년 |
|---|---|---|---|
| | | | |

1) Aに今学期に達成したい目標を3つ「～できる」の形で書いてください。

A에 이번 학기에 달성하고 싶은 목표를 3개 '~헐 수 있다'라는 형태로 써주세요.

2) Bに日付を書き、それぞれの目標について、今できること/できるようになったこと、難しいこと、目標を達成するためにどのように学んでいくかなどを書いてください。/ B에 날짜를 적고 각각의 목표에 대해서 지금 할 수 있는 것/할 수 있게 된 것, 어려운 것, 목표를 달성하기 위해 어떻게 학습할 것인가를 써주세요.

| | 達成目標 / 달성목표 | | |
|---|---|---|---|
| A | | | |
| B | 自己評価 / 자기평가 | | |
| / | ☆ ☆ ☆ ☆ ☆ | ☆ ☆ ☆ ☆ ☆ | ☆ ☆ ☆ ☆ ☆ |

| / | ☆ ☆ ☆ ☆ ☆ | ☆ ☆ ☆ ☆ ☆ | ☆ ☆ ☆ ☆ ☆ |
|---|---|---|---|
| / | ☆ ☆ ☆ ☆ ☆ | ☆ ☆ ☆ ☆ ☆ | ☆ ☆ ☆ ☆ ☆ |

3) 今学期のタンデム学習を全体的に振り返って、自己評価をしてください。さらに学びたいことや今後との課題なども書いてください。

이번 학기의 탄뎀학습을 전체적으로 되돌아보고 자기평가를 해주세요. 더욱더 배우고 싶은 것이나 향후의 과제 등도 써주세요.

| 全体的評価 / 전체적 평가 / / |
|---|
| |

# 12. 学習計画を立てよう

## 1 なぜ学習計画を立てるの？

シート③「今学期の達成目標」で決めた目標を達成するためには、どのように達成するか、具体的な計画を立てる必要があります。行き当たりばったりでは目標を見失って迷子になりかねません。

目的地は同じでもそこにたどり着くルートは様々であるように、目標達成の方法、つまり学習方法も様々です。パートナーと話し合いながら色々な方法を試行錯誤してみてください。楽しい旅行プランを立てるつもりで、目的地までの道のりを想像しながら自分に合った計画を立ててみましょう。

## 2 学習計画表の書き方

学習を行う前に、次の手順に従ってp.39~のシート④「学習計画表」を作成しましょう。計画表は1度にすべての週を作成するのではなく、1回の学習が終わるごとに次の計画を立て、その都度書いてください。タンデム学習はパートナーと協力しながら行う学習です。お互いによく話し合って計画を立てましょう。

1) 〔学習テーマ〕を決める

タンデム学習の計画を立てるとき、まず最初に決めることは学習テーマです。学習テーマは双方が興味・関心のあるものにしましょう。p.39のシート④の「学習テーマ」の「日本語」の欄には日本語で話す（日本語学習）時間のテーマを書き、「韓国語」の欄には韓国語で話す（韓国語学習）時間のテーマを書きます。テーマは学習言語ごとに異なるものを選んでもいいし、同じテーマにしてもかまいません。テーマを決めるのに困ったら、pp.19~20の＜学習例＞と＜学習テーマの例＞を参考にしてみてください。

# 12. 학습계획 세우기

## 1 왜 학습계획을 세우나요?

시트③「이번 학기 달성목표」에서 정한 목표를 달성하기 위해서는 어떻게 달성할 것인가 생각해보고 구체적인 계획을 세울 필요가 있습니다. 닥치는 대로 하다 가는 목표를 잃어버리고 미아가 되어 버릴지도 모릅니다.

목적지는 동일하여도 그 목적지에 도달하는 길과 방법은 다양한 것과 같이 목표 달성 방법 즉 학습 방법은 다양합니다. 파트너와 대화하면서 다양한 방법을 시행착오 해 보세요. 즐거운 여행 계획을 짠다고 생각하고 목적지까지 가는 길을 상상하면서 자신에게 맞는 계획을 세워 봅시다.

## 2 학습계획표 작성법

탄뎀학습을 하기 전에 다음 절차에 따라 p.39~의 시트④「학습계획표」를 만들어 봅시다. 학습계획표는 한번에 모든 주를 작성하지 말고 일주일 단위로 한번의 학습이 끝날 때 다음주 계획을 세워서 시트에 작성해주시기 바랍니다. 탄뎀학습은 파트너와 협력하면서 공부하는 학습입니다. 상호 잘 의논해서 계획을 세웁시다.

1) 〔학습테마〕를 정합니다

탄뎀학습의 계획을 세울 때 가장 먼저 결정하는 것은 학습 테마입니다. 학습 테마는 쌍방이 흥미, 관심이 있는 것으로 합시다. p.39~의 시트④「학습테마」의「일본어」란에는 일본어로 말하는 (일본어 학습) 시간의 테마를 쓰고, 「한국어」란에는 한국어로 말하는 (한국어 학습) 시간의 테마를 씁니다. 테마는 학습 언어에 따라서 바꿔도 되고, 두 언어를 똑같은 주제로 해도 됩니다. 테마를 정하는 것이 어렵다면 pp.19~20의 〈학습 예시〉와 〈학습테마 예시〉를 참고해 주세요.

ここで少し学習テーマの決め方について考えてみましょう。例えば、「旅行」というテーマで学習をするとしたら、あなたはどのような内容で話しますか？行ってみたい場所、お勧めの観光地、旅行の思い出、理想の旅行プランなど、色々考えられますね。まずは、そのテーマを様々な角度から見て、どのような話ができるのかアイディアを出してみてください。その上で、自分たちの学びたいことを話し合い、具体的な学習内容を決めるようにしましょう。

2)〔学習目標〕を決める

学習目標は自分の目標言語能力を考慮し、「今学期の達成目標」に近づくためにするべきことを考えて決めます。学習後に目標が達成できたかどうか判断できるように目標は具体的に、またなるべく「〜できる」という形で書いてください。

3)〔質問・要望など〕を書いて相手に伝える

「質問」はテーマに関してパートナーに聞きたいことを書きます。「要望」は自分の学習時間にパートナーに協力してもらいたいことを書きます。書き終わったらお互いに伝え合い、相手の質問や要望を自分の計画表にも書いておきましょう。

4)〔事前準備〕を決める

パートナーと話し合って、次回のタンデム学習までに準備しておくことや、授業のときに持ってくるものなどを決めましょう。

여기서 잠깐 학습테마 결정 방법에 대해서 생각해봅시다. 예를 들어 '여행'이라는 테마로 학습을 한다고 한다면 당신은 어떠한 내용으로 이야기합니까? 가고 싶은 장소, 추천 관광지, 여행의 추억, 이상적인 여행 플랜 등 여러가지를 생각할 수 있겠지요? 그럼 가장 먼저 그 테마를 다양한 각도에서 보고 어떠한 이야기를 할 수 있는지 아이디어를 내어 봅시다. 그 다음에 자신들이 배우고 싶은 것을 서로 이야기하고 구체적인 학습 내용을 정하도록 하는 순서로 해보면 좋습니다.

2) 〔학습목표〕 를 정합니다

학습목표는 자신의 목표언어능력을 고려하면서 「이번 학기의 달성목표」 에 근접하기 위해 무엇을 해야 할까 생각하면서 결정해주세요. 학습 후에 목표 달성 여부를 판단할 수 있도록 목표는 구체적으로 또 되도록이면 「~할 수 있다」 라는 형식으로 작성해 주세요.

3) 〔질문·요청사항 등〕 을 작성해서 파트너에게 전달합니다

질문'은 테마에 관해 파트너에게 묻고 싶은 것을 씁니다. 요청사항'은 자신의 학습 시간에 파트너에게 도움 받고 싶은 것을 씁니다. 작성이 완료되면 서로에게 전달하고 파트너의 질문이나 요청사항을 자신의 계획표에도 적어 둡시다.

4) 〔사전준비〕 내용을 정합니다

파트너와 의논하여 다음 탄뎀학습 때까지 준비해 둘 것이나 수업 시간에 가지고 올 것 등을 정합시다.

## 学習計画表 / 학습계획표 (例 1/예 1)

2021年度 2学期 日本語-韓国語タンデム学習Ⅱ 学習計画表(前半) / 2021년도 2학기 일본어-한국어탄뎀학습Ⅱ 학습계획표(전반)

名前：　　　　パートナー：

| 週 | 月/日 | | 学習テーマ | 学習目標/학습목표 | 質問·要望事項など/질문·요구사항 등 | 事前準備/사전준비 |
|---|---|---|---|---|---|---|
| 例 | 0/0 | 日本語 | 観光地 | 1. パートナーに地図や写真を見せながら、有名な観光地やその土産について簡単に説明することができる。<br>2. パートナーの質問に、自分の経験を交えながら、答えることができる。 | ・その観光地はどこにありますか<br>・そこは何が有名ですか<br>・間違っている発音や表現を指摘してほしい<br>・自然な表現を教えてほしい | 1)地図、写真、ネット情報など<br>2)観光地の説明を練習しておく |
| | | 韓国語 | 관광지 | 1. 파트너에게 지도, 사진 등을 보여주면서 유명한 관광지나 특산물 등에 대해 간단히 설명할 수 있다.<br>2. 파트너의 질문에 자신의 경험을 넣어서 대답할 수 있다. | ・그 관광지는 어디에 있습니까?<br>・그곳은 무엇이 유명합니까?<br>・잘못된 발음이나 표현을 지적해주세요.<br>・자연스러운 표현을 가르쳐주세요 | 1)지도, 사진, 인터넷 정보<br>2)관광지 에 대한 설명을 연습해 둔다. |
| 2 | 9/7 | 日 | 愛知県と釜山の観光 | 1.なるべく翻訳機を使わずに話すこと<br>2.パートナーの話をよく聞いて、質問に対してきちんと答えられるようにする | ・なんでそこは有名なのですか<br>・そこに行ったことがありますか<br>・自然な言い回しを教えてほしい | 1)パワーポイントを用意する<br>2)わからない語彙を事前に調べておく |
| | | 韓 | 부산과 아이치현의 관광 | 1.가급적 번역기를 사용하지 말고 말할 것<br>2.파트너의 이야기를 잘 듣고 질문에 대해 잘 대답할 수 있도록 한다 | ・거기는 왜 유명합니까?<br>・거기에 가 본 적이 있습니까?<br>・자연스러운 표현을 가르쳐 주었으면 한다. | 1)파워포인트를 준비하다<br>2)모르는 어휘를 사전에 조사해 두다 |
| 3 | 9/14 | 日 | おすすめの映画 | 1.自分の言葉で、映画の感想を表現できるようにする<br>2.パートナーの質問に答えられるよう、聞かれそうな質問はあらかじめ用意し、台本を見ず言えるようにする | ・1ヶ月にどれくらい映画を見ますか<br>・人生映画はなんですか<br>・どういう時に映画を見ますか | 1)映画のあらすじを把握して説明できるようにしておく<br>2)台本を作る |
| | | 韓 | 추천 영화 | 1.내 말로 영화감상을 표현할 수 있게 하기<br>2.파트너의 질문에 대답할 수 있도록 물어볼 만한 질문은 미리 준비하여 대본을 보지 않고 말할 수 있도록 한다. | ・1개월에 어느정도 영화를 봅니까?<br>・인생영화는 무엇입니까?<br>・어떤 때 영화를 봅니까? | 1)화의 줄거리를 파악해서 설명할 수 있도록 해 두다<br>2)대본을 만들다 |
| 4 | 9/21 | 日 | 地元の紹介 | 1.自信を持って話せるようにする<br>2.パートナーに伝わりやすいように話し方を意識する | ・なぜその場所が好きなのですか<br>・地元で一番誇りに思っていることはなんですか<br>・どんな食べ物が美味しいですか | 1)写真を用意してパワーポイント作る<br>2)発音の練習をする |
| | | 韓 | 고장의 소개 | 1.자신있게 말할 수 있게 하기<br>2.파트너에게 쉽게 전달되도록 말하는 방식을 의식한다 | ・왜 그 장소가 좋습니까?<br>・고향에서 가장 자랑스러운 것은 무엇입니까?<br>・어떤 음식이 맛있습니까? | 1)사진 한 장을 준비하여 파워포인트 만들다<br>2)발음 연습을 하다 |

## 学習計画表 / 학습계획표 (例 2/예 2)

2021年度 2学期 日本語-韓国語タンデム学習Ⅱ 学習計画表（前半）/ 2021년도 2학기 일본어-한국어탄뎀학습Ⅱ 학습계획표(전반)

名前/이름 : 　　　　パートナー/파트너 :

| 週/주 | 月日/월일 | | 学習テーマ/학습테마 | 学習目標/학습목표 | 質問·要望事項など/질문·요구사항 등 | 事前準備/사전준비 |
|---|---|---|---|---|---|---|
| 例 | | 日本語 | 観光地 | 1. パートナーに地図や写真を見せながら、有名な観光地やお土産について簡単に説明することができる。<br>2. パートナーの質問に、自分の経験を交えながら、答えることができる。 | ・その観光地はどこにありますか<br>・そこは何が有名ですか<br>・間違っている発音や表現を指摘してほしい<br>・自然な表現を教えてほしい | 1. 地図、写真、ネット情報など<br>2. 観光地1カ所の説明を練習しておく |
| | | 韓国語 | 관광지 | 1. 파트너에게 지도, 사진 등을 보여주면서 유명한 관광지나 특산물 등에 대해 간단히 설명할 수 있다.<br>2. 파트너의 질문에 자신의 경험을 넣어서 대답할 수 있다. | ・그 관광지는 어디에 있습니까?<br>・그곳은 무엇이 유명합니까?<br>・잘못된 발음이나 표현을 지적해주세요.<br>・자연스러운 표현을 가르쳐주세요. | 1. 지도, 사진, 인터넷 정보 등<br>2. 관광지 한 군데의 설명을 연습해 둔다. |
| 2 | 9/7 | 日 | 旅行 | 1. パートナーに地図を見せながら、行って良かった国内旅行先について説明することができる。<br>2. パートナーが自分の行ってみた旅行について質問したら、完璧ではなくても言いたいことを伝えることができる。 | ー国内旅行で一番良かったのはどこですか。<br>ーヨーロッパ旅行はどうでしたか。<br>ー日本旅行で一番良かったのはどこですか。<br>ーこの表現は日本人が普通に使いますか。 | 1. 地図、旅行先の位置<br>2. 説明のセリフを準備して練習しておく |
| | | 韓 | 音楽 | 1. 파트너의 음악에 대한 한국어 설명을 잘 경청한다.<br>2. 내가 좋아했던 가수에 대해서 설명한다.<br>3. 좋아하는 곡을 추천한다. | 1. 좋아하는 한국 가수가 있습니다?<br>2. 좋아하는 한국의 곡이 있습니까?<br>3. 일본에서 유명한 음악가는 누구입니까? | 1. 추천할 곡 리스트<br>2. 좋아했던 가수에 대한 나의 경험담을 간단하게 준비한다. |
| 3 | 9/14 | 日 | 流行っていること | 1. 韓国で今流行っていることについて自分の経験を交えながら、説明することができる。<br>2. 流行っていることについて自分の正直な考えを話すことができる。 | 1. 今日本で流行っていることは何ですか。<br>2. タトゥーのことに対して日本人の認識はどうですか。<br>3. この表現は日本人が普通に使いますか。<br>4. これ（mbti）は日本にも人気ですか？ | 1. 流行っていることを探してみる<br>2. 説明のセリフを準備して練習しておく |

シート/시트 ④ 「学習計画表/학습계획표」【前半/전반】 名前/이름 : パートナー/파트너 :

| 週/주 | 月/日 월/일 | | 学習テーマ 학습테마 | 学習目標/학습목표 | 質問、要望など/질문, 요구 등 | 事前準備/사전준비 |
|---|---|---|---|---|---|---|
| 例 | / | 日本語 | 観光地 | 1)パートナーに地図や写真を見せながら行ったことのある観光地やお土産などについて簡単に説明できる。<br>2)パートナーの質問に自分の経験や感想を交えながら、答えることができる。 | ・その観光地はどこにありますか<br>・そこは何が有名ですか<br>・間違っている発音や表現を指摘してほしい<br>・自然な表現を教えてほしい | 1)地図、写真、ネット情報など<br>2)観光地の説明を練習しておく |
| | | 韓国語 | 관광지 | 1)파트너에게 지도, 사진 등을 보여주면서 추천하고 싶은 관광지나 특산물 등에 대해 간단히 설명할 수 있다.<br>2)파트너의 질문에 자신의 경험을 넣어서 대답할 수 있다. | ·그 관광지는 어디에 있습니까?<br>·그곳은 무엇이 유명합니까?<br>·잘못된 발음이나 표현을 지적해주세요.<br>·자연스러운 표현을 가르쳐주세요. | 1)지도, 사진, 인터넷 정보 등<br>2)관광지 한 군데의 설명을 연습해 둔다 |
| | / | 日 | | | | |
| | | 韓 | | | | |
| | / | 日 | | | | |
| | | 韓 | | | | |

| | | | | | | | |
|---|---|---|---|---|---|---|---|
| | | | | | | | |
| | | | | | | | |
| | | | | | | | |
| | | | | | | | |
| 日 | 曜 | 日 | 曜 | 日 | 曜 | 日 | 曜 |
| / | | / | | / | | / | |
| | | | | | | | |

シート/시트 ④ 「学習計画表/학습계획표」【後半/후반】 名前/이름 : パートナー/파트너 :

| 週/주 | 月日/월 일 | 学習テーマ/학습테마 | | 学習目標/학습목표 | 質問・要望など/질문・요구 등 | 事前準備/사전준비 |
|---|---|---|---|---|---|---|
| | / | 日 | | | | |
| | | 韓 | | | | |
| | / | 日 | | | | |
| | | 韓 | | | | |
| | / | 日 | | | | |
| | | 韓 | | | | |

| | | | | | | | |
|---|---|---|---|---|---|---|---|
| | | | | | | | |
| | | | | | | | |
| | | | | | | | |
| | | | | | | | |
| 日 | 韓 | 日 | 韓 | 日 | 韓 | 日 | 韓 |
| / | | / | | / | | / | |
| | | | | | | | |

シート/시트 ④ 「学習計画表/학습계획표」【前半/전반】 名前/이름 : パートナー/파트너 :

| 週/주 | 月/日 월/일 | | 学習テーマ 학습테마 | 学習目標/학습목표 | 質問、要望など/질문, 요구 등 | 事前準備/사전준비 |
|---|---|---|---|---|---|---|
| 例 | / | 日本語 | 観光地 | 1)パートナーに地図や写真を見せながら行ったことのある観光地やお土産などについて簡単に説明できる。<br>2)パートナーの質問に自分の経験や感想を交えながら、答えることができる。 | ・その観光地はどこにありますか<br>・そこは何が有名ですか<br>・間違っている発音や表現を指摘してほしい<br>・自然な表現を教えてほしい | 1)地図、写真、ネット情報など<br>2)観光地の説明を練習しておく |
| | | 韓国語 | 관광지 | 1)파트너에게 지도, 사진 등을 보여주면서 추천하고 싶은 관광지나 특산물 등에 대해 간단히 설명할 수 있다.<br>2)파트너의 질문에 자신의 경험을 넣어서 대답할 수 있다. | ·그 관광지는 어디에 있습니까?<br>·그곳은 무엇이 유명합니까?<br>·잘못된 발음이나 표현을 지적해주세요.<br>·자연스러운 표현을 가르쳐주세요. | 1)지도, 사진, 인터넷 정보 등<br>2)관광지 한 군데의 설명을 연습해 둔다 |
| | / | 日 | | | | |
| | | 韓 | | | | |
| | / | 日 | | | | |
| | | 韓 | | | | |

| 日 | 韓 | 日 | 韓 | 日 | 韓 | 日 | 韓 |
|---|---|---|---|---|---|---|---|
| / | | / | | / | | / | |

シート/시트 ④ 「学習計画表/학습계획표」【後半/후반】 名前/이름 : パートナー/파트너 :

| 週/주 | 月日/월 일 | 学習テーマ/학습테마 | | 学習目標/학습목표 | 質問・要望など/질문・요구 등 | 事前準備/사전준비 |
|---|---|---|---|---|---|---|
| | / | 日 | | | | |
| | | 韓 | | | | |
| | / | 日 | | | | |
| | | 韓 | | | | |
| | / | 日 | | | | |
| | | 韓 | | | | |

| | | | | | | | |
|---|---|---|---|---|---|---|---|
| | | | | | | | |
| | | | | | | | |
| | | | | | | | |
| | | | | | | | |
| 日 | 韓 | 日 | 韓 | 日 | 韓 | 日 | 韓 |
| / | | / | | / | | / | |
| | | | | | | | |

# 13. 学習日誌を書こう

## 1 なぜ学習日誌を書くの？

学習日誌はシート⑤-A【学習内容】とシート⑤-B【ふり返り】の2種類があります。⑤-A【学習内容】はその日に学習した内容を整理するために、⑤-B【ふり返り】は学習計画段階も含めた学習活動全体を客観的にふり返り、より良い学習につなげるために作成します。学習日誌は自分の学習を計画、実行、評価するという自律学習プロセスをサポートするツールであると同時に、みなさんが何をどのように学び、どのように感じ、どう変化したかを記す成長記録でもあります。学習日誌の作成を通して、意識的に自分と向き合い、自己の成長を客観的に省察する視点を養ってほしいと思います。

## 2 学習日誌作成から提出までの流れ

学習日誌は表の1)～5)の手順で作成し、提出してください。

<table>
<tr><td rowspan="2">授業中</td><td>Part 1, 2</td><td>＜学習準備＞<br>＜学習活動＞ タンデム学習</td></tr>
<tr><td>Part 3</td><td>＜まとめ＞<br>1) 学習日誌のシートA【学習内容】を目標言語で書く<br>2) シートA【学習内容】をパートナーと交換し互いに訂正する<br>3) 訂正箇所について互いにフィードバックを行う</td></tr>
<tr><td colspan="2">授業後</td><td>4) 学習日誌のシートB【ふり返り】を母語で書く<br>5) E-ClassにA【学習内容】とB【ふり返り】を提出する<br>＊A【学習内容】は3)で訂正してもらったものをそのまま提出する（訂正箇所がわかる状態にしておく）</td></tr>
</table>

# 13. 학습일지 작성하기

## 1 왜 학습일지를 쓰나요?

학습일지는 ⑤-A【학습내용】과 시트 ⑤-B【되돌아보기】 2종류가 있습니다. ⑤-A【학습내용】은 그날 학습한 내용을 정리하기 위해서, ⑤-B【되돌아보기】는 학습계획 단계까지 포함한 학습활동 전체를 객관적으로 되돌아보고 보다 좋은 학습으로 이어가기 위하여 작성합니다. 학습일지는 자신의 학습을 계획, 실행, 평가하면서 자기주도학습 과정을 도와주는 도구인 동시에 여러분이 무엇을 어떻게 배우고, 어떻게 느끼고, 어떻게 변화했는지를 나타내는 성장 기록이기도 합니다. 학습일지 작성을 통해 의식적으로 자신과 마주하며 자기의 성장을 객관적으로 성찰하는 시각을 길러 주기를 바랍니다.

## 2 학습일지 작성에서 제출까지의 흐름

<table>
<tr><td rowspan="2">수<br>업<br>중</td><td>파트 1,2</td><td>〈학습준비〉<br>〈학습활동〉 탄뎀학습</td></tr>
<tr><td>파트 3</td><td>〈정리〉<br>1)학습일지 시트A【학습내용】을 목표언어로 작성한다<br>2)시트A【학습내용】을 파트너와 교환하여 상호 수정한다<br>3)수정한 부분에 대해서 서로 피드백 한다</td></tr>
<tr><td colspan="2">수업 후</td><td>4)학습일지 시트B【되돌아보기】를 모어로 작성한다<br>5)E-Class에 A【학습내용】과 B【되돌아보기】를 제출한다<br>* A【학습내용】은 3)에서 수정 받은 것을 그대로 제출하다(수정한 부분을 알 수 있도록 그 대로 둔다)</td></tr>
</table>

## 3 書き方（例）

### 1) シート⑤-A【学習内容】

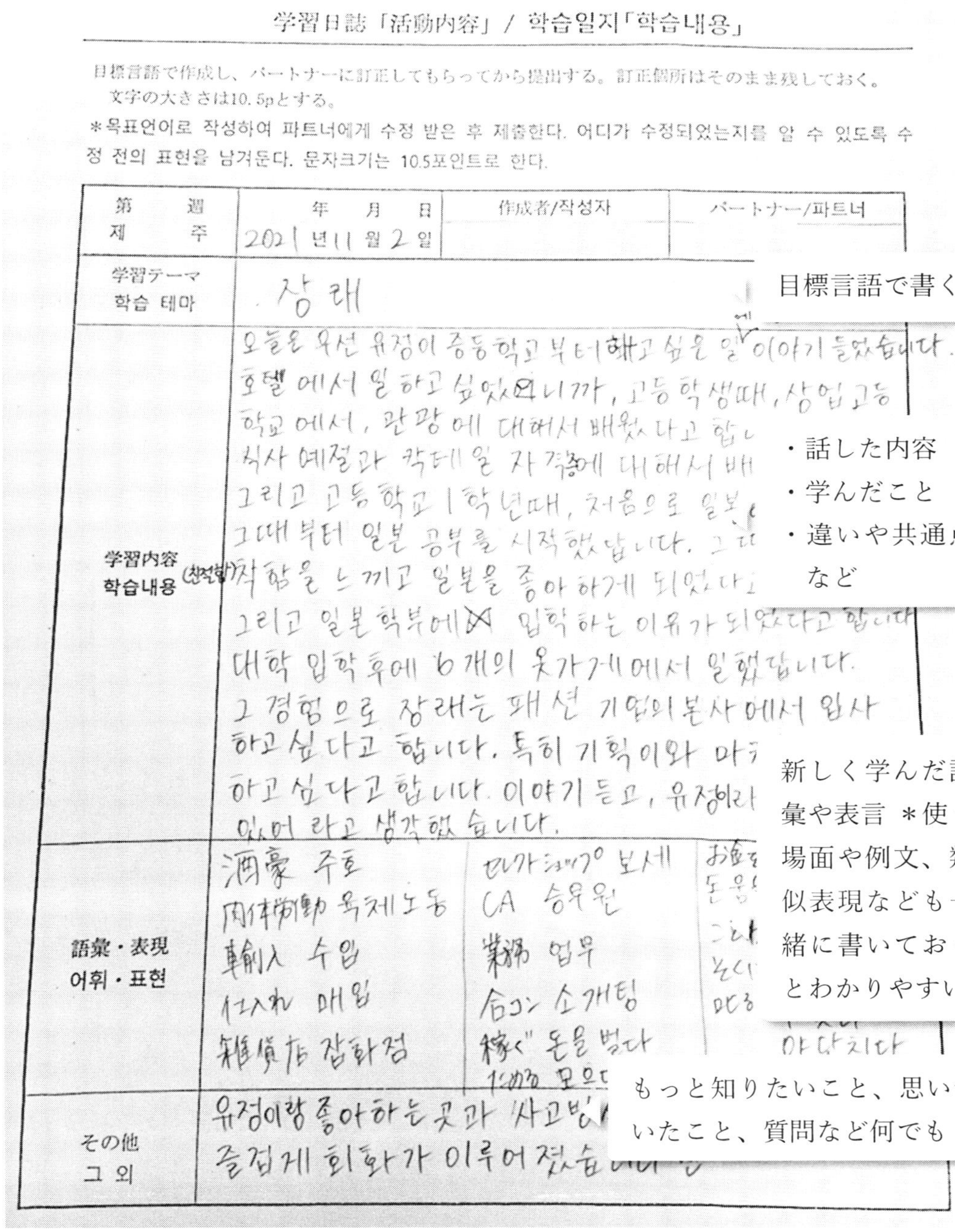

学習日誌「活動内容」/ 학습일지「학습내용」

目標言語で作成し、パートナーに訂正してもらってから提出する。訂正個所はそのまま残しておく。文字の大きさは10.5pとする。

＊목표언어로 작성하여 파트너에게 수정 받은 후 제출한다. 어디가 수정되었는지를 알 수 있도록 수정 전의 표현을 남겨둔다. 문자크기는 10.5포인트로 한다.

| 第　週 / 제　주 | 年　月　日 2021 년 11 월 2 일 | 作成者/작성자 | パートナー/파트너 |
|---|---|---|---|
| 学習テーマ / 학습 테마 | 장래 | | |
| 学習内容 / 학습내용 | 오늘은 우선 유정이 중등학교 부터 해고 싶은 일 이야기 들었습니다. 호텔에서 일하고 싶었으니까, 고등학생때, 상업고등학교에서, 관광에 대해서 배웠다고 합니… 식사 예절과 칵테일 자격증에 대해서 배… 그리고 고등학교 1학년때, 처음으로 일본… 그때부터 일본 공부를 시작했답니다. 그때… (친절함) 직함을 느끼고 일본을 좋아하게 되었다고… 그리고 일본학부에 입학하는 이유가 되었다고 합니다. 대학 입학후에 6개의 옷가게에서 일했답니다. 그 경험으로 장래는 패션 기업의 본사에서 입사하고 싶다고 합니다. 특히 기획이와 마… 하고 싶다고 합니다. 이야기 듣고, 유정이라… 있어 라고 생각했습니다. | | |
| 語彙・表現 / 어휘・표현 | 酒豪 주호<br>肉体労働 육체노동<br>輸入 수입<br>仕入れ 매입<br>雑貨店 잡화점 | セレクトショップ 보세<br>CA 승무원<br>業務 업무<br>合コン 소개팅<br>稼ぐ 돈을 벌다<br>… 모으다 | お金… 돈을…<br>こと…<br>そ…<br>만…<br>마다치다 |
| その他 / 그 외 | 유정이랑 좋아하는 곳과 사고방… 즐겁게 회화가 이루어졌습니다. | | |

目標言語で書く

・話した内容
・学んだこと
・違いや共通点
など

新しく学んだ語彙や表言 ＊使う場面や例文、類似表現なども一緒に書いておくとわかりやすい

もっと知りたいこと、思いついたこと、質問など何でも

## 3 작성 방법(예)

### 1) 시트⑤－A 【학습내용】

**学習日誌「活動内容」 / 학습일지「학습내용」**

目標言語で作成し、パートナーに訂正してもらってから提出する。訂正個所はそのまま残しておく。文字の大きさは10. 5pとする。

＊목표언어로 작성하여 파트너에게 수정 받은 후 제출한다. 어디가 수정되었는지를 알 수 있도록 수정 전의 표현을 남겨둔다. 문자크기는 10.5포인트로 한다.

| 第 11 週<br>제 주 | 2011 年 5 月 18 日<br>년 월 일 | 作成者/작성자 | パートナー/파트너 |
|---|---|---|---|
| 学習テーマ<br>학습 테마 | 将来の夢 | | |
| 学習内容<br>학습내용 | 今日はみ中と今まで成長しながらなりたいと思った職業について<br>話した。私は子供の頃、歌手になりたかった。その時は童謡が好<br>きだったので、舞台で歌っている人に憧れていた。小学生になってから<br>は刑事になりたかった。中学生の時は英語の先生<br>ので、外交官を希望した。しかし、高2の時、現実に気づ<br>ビス業に興味ができて今までそれを目指している。（出てきて、）<br>み中は小学生の時養護教諭を希望した。それと<br>である図工が好きだったので、建築士になりたかったそうだ。<br>おもちゃのシルバニアの影響でインテリアに興味ができたと言った。（を持った）<br>中学生の時、K-POPを知ることができ、外国人に日本語を教え<br>たくなって、大学で韓国語を専攻することになった。<br>今は留学で韓国に来て先生の資格が取れず、迷っている<br>私と違って新しい話を聞くことができて楽しかった。 | | |
| 語彙・表現<br>어휘・표현 | 童謡：동요<br>刑事：형사<br>外交官：외교관<br>ユーエヌ：유엔<br>図工：화공<br>脈拍：맥박 | | |
| その他<br>그 외 | 「図工」は韓国語でなんですか？<br>授業の | | |

목표 언어로 작성한다

· 이야기한 내용
· 배운 것
· 차이점이나 공통점

새롭게 배운 어휘나 표현 * 사용하는 장면이나 예문, 유사표현 등도 같이 적어두면 공부가 된다

좀더 알고 싶은 것, 생각난 것, 질문 등 무엇이든 적어주세요

## 2) シート⑤-B【ふり返り】

### 学習日誌「ふり返り」/ 학습일지「되돌아보기」

＊母語で作成する。文字の大きさは10.5pとする。 ＊모어로 작성한다. 문자크기는 10.5포인트로 한다.

| 第 週<br>제 주 | 2021年 9月 28日<br>2021년 9월 28일 | 作成者/작성자 | パートナー/파트너 |
|---|---|---|---|
| 学習テーマ<br>학습 테마 | テーマ（食事・日常生活） | | |
| 今週の学習目標<br>이번주 학습목표 | 韓国と日本のマナーについて話し合い、文化の違いを理解する。<br>韓国で生活する上でのマナーを教えてもらい、実践する。 | | |
| 目標の達成度<br>목표 달성도 | 1…………2…………3…………4…………5 ＊「5」<br>＊「5」가 제일 좋음<br>理由/이유：<br>日本と韓国のマナーにはそれぞれの特徴があり、文化の違いを<br>に食事のマナーや礼儀について教えてもらったのですが、今日<br>する際にこれらのマナーや礼儀を意識して実践することができ<br>の日常生活に役立つことをたくさん知ることができました。 | | |
| 学習のふり返り<br>학습 되돌아보기 ／ よかったこと<br>잘된점 | 韓国で生活する上で知っておくべきマナーについて多くの<br>きたので良かったです。また、インターネットには出てこな<br>ナーも知ることができました。そして、今回は対面授業<br>回よりも積極的に会話や質問をすることができました。私に<br>を教え、パートナーからハングルのスペルを教えてもらう<br>合いながら学習を進めることができたので、非常に勉強になりました。 | | |
| 反省点・改善方法<br>반성할 점·개선방법 | 反省点は韓国語の時間の際に日本語を少し使ってしまったこ<br>省を活かそうと努力しましたが、伝えたい内容の文法が<br>い日本語を使って話してしまいます。単語を覚えるだけでな<br>文法をもっと勉強しようと思いました。また、タンデム学<br>時、日本語を使う割合が多いので、次回は韓国語で積極的に話してみようと思います。 | | |
| その他<br>그 외 | 今回から対面授業となり、初めてパートナーと直接会うこと<br>業時間以外の休み時間でも日本語や韓国語を交えながら色々<br>でき、非常に楽しかったです。また、タンデム学習を通して、<br>様々な話題について話し合うことができました。今度一緒に遊びに行く約束も<br>しています。仲がどんどん深まっているため、とても嬉しいで | | |
| 教師に相談したいこと<br>교사에게 상담하고 싶은 것 | 特になし | | |

母語で書く

学習計画表に書いた目標を書く

なぜこの点数にしたのか、評価の理由を書く

よかったこと、うまくできたこと

うまくできなかったこと、難しかったこと

次はどのようにするか

気づいたこと、質問、相談など何でも

## 2) 시트⑤−B 【되돌아보기】

**kaeri学習日誌「ふり返り」/ 학습일지「되돌아보기」**

＊母語で作成する。文字の大きさは10.5pとする。 ＊모어로 작성한다. 문자크기는 10.5포인트로 한다.

| 第 週<br>제 주 | | 2021年 11月 9日<br>2021년 11월 9일 | 作成者/작성자 | パートナー/파트너 |
|---|---|---|---|---|
| 学習テーマ<br>학습 테마 | | 한국과 일본의 패션문화 | | |
| 今週の学習目標<br>이번주 학습목표 | | 각 국의 패션 문화에 대해 알아보자 | | |
| 目標の達成度<br>목표 달성도 | | 1············2············3············(4)············5 ＊「5<br>＊「5」가 제일 좋음<br>理由/이유 : 서로 각국의 패션에 대한 교류가 잘 되었고 ㅅ<br>여 쉽게 이해가 되었습니다. | | |
| 学習のふり返り<br>학습 되돌아보기 | よかったこと<br>잘된점 | 일본의 패션에 대해 관심이 많았는데 연령대로 어떤 옷을<br>스타일이 있는지 등에 대해 많은 것을 알게 되었고 일본은 이런 스타일이구<br>나. 한국은 이런 스타일이구나 하는 것을 많이 알게 되<br>번 주보다 자유럽고 자연스러운 대화가 이어져서 좋았습니 | | |
| | 反省点・改善方法<br>반성할 점・개선방법 | 이번 학습에는 ppt를 활용하지 않고 용어를 노트에 적어<br>는 방식으로 학습하였는데 패션용어를 일본어로 제대로<br>하는데 오래걸렸고 사진자료도 좀 더 꼼꼼하게 챙겨야 | | |
| | その他<br>그 외 | 일본에서 살고 싶은 저로서는 이번 기회에 일본패션에 대<br>이 많이 되었습니다. 기회가 되면 일본 스타일로 입어보 | | |
| 教師に相談したいこと<br>교사에게 상담하고 싶은 것 | | 씨와 한 이야기 중에 일본 대학생들은 헤어스타일이 다<br>자같은 경우는 2가지 스타일밖에 없다는 것이 신기합니다. | | |

- 모국어로 쓴다
- 학습계획표에 쓴 목표를 적는다
- 왜 이 점수를 주었는지 평가 이유를 적는다
- 좋았던 것, 잘 됐던 점을 적는다
- 잘 되지 않았던 것, 어려웠던 점을 적는다
- 다음에는 어떻게 하고 싶은가
- 느낀 점이나 질문, 상담 등 무엇이든 적어주세요

| シート/시트 ⑤-A | 学習日誌【学習内容】/ 학습일지【학습내용】 |
|---|---|

目標言語で作成し、パートナーに訂正してもらってから提出する。訂正個所はそのまま残しておく。목표언어로 작성하여 파트너에게 수정 받은 후 제출한다. 어디가 수정되었는지를 알 수 있도록 수정 전의 표현을 남겨둔다.

| 週目<br>주차 | 年 月 日<br>년 월 일 | 作成者/작성자 | パートナー/파트너 |
|---|---|---|---|
| 学習テーマ<br>학습 테마 | | | |
| 学習内容<br>학습내용 | | | |
| 語彙・表現<br>어휘·표현 | | | |
| その他<br>그 외 | | | |

| シート/시트 ⑤-B | 学習日誌【ふり返り】/ 학습일지【되돌아보기】 |
|---|---|

<table>
<tr><td colspan="5">母語で作成する。모어로 작성한다.</td></tr>
<tr><td rowspan="2">週目<br>주차</td><td rowspan="2">年　月　日<br>년　월　일</td><td>作成者/작성자</td><td colspan="2">パートナー/파트너</td></tr>
<tr><td></td><td colspan="2"></td></tr>
<tr><td>学習テーマ<br>학습 테마</td><td colspan="4"></td></tr>
<tr><td>学習目標<br>학습목표</td><td colspan="4"></td></tr>
<tr><td rowspan="2">目標の達成度<br>목표 달성도</td><td colspan="4">5:十分達成 4:ほぼ達成 3:半分くらい 2:少し達成 1:全く達成できなかった<br>5:충분히 달성 4:거의 달성 3:절반정도 2:조금 달성 1:전혀 달성하지 못했다</td></tr>
<tr><td>評価<br>평가<br>〔　　〕</td><td colspan="3">理由/이유</td></tr>
<tr><td>よかったこと<br>잘된 점</td><td colspan="4"></td></tr>
<tr><td>うまくいかなかったこと<br>반성할 점과</td><td colspan="4"></td></tr>
<tr><td>改善方法<br>개선방법</td><td colspan="4"></td></tr>
<tr><td>気づき、質問、相談など/느낀 점, 질문, 상담 등</td><td colspan="4"></td></tr>
</table>

| シート/시트 ⑤-A | 学習日誌【学習内容】/ 학습일지【학습내용】 |
|---|---|

目標言語で作成し、パートナーに訂正してもらってから提出する。訂正個所はそのまま残しておく。목표언어로 작성하여 파트너에게 수정 받은 후 제출한다. 어디가 수정되었는지를 알 수 있도록 수정 전의 표현을 남겨둔다.

| 週目<br>주차 | 年　月　日<br>년　월　일 | 作成者/작성자 | パートナー/파트너 |
|---|---|---|---|
| 学習テーマ<br>학습 테마 | | | |
| 学習内容<br>학습내용 | | | |
| 語彙・表現<br>어휘·표현 | | | |
| その他<br>그 외 | | | |

| シート/시트 ⑤-B | 学習日誌【ふり返り】/ 학습일지【되돌아보기】 | | |
|---|---|---|---|
| 母語で作成する。모어로 작성한다. | | | |
| 週目<br>주차 | 年 月 日<br>년 월 일 | 作成者/작성자 | パートナー/파트너 |
| 学習テーマ<br>학습 테마 | | | |
| 学習目標<br>학습목표 | | | |
| 目標の達成度<br>목표 달성도 | 5:十分達成 4:ほぼ達成 3:半分くらい 2:少し達成 1:全く達成できなかった<br>5:충분히 달성 4:거의 달성 3:절반정도 2:조금 달성 1:전혀 달성하지 못했다 | | |
| | 評価<br>평가<br>〔 〕 | 理由/이유 | |
| よかったこと<br>잘된 점 | | | |
| うまくいかなかったこと<br>반성할 점과 | | | |
| 改善方法<br>개선방법 | | | |
| 気づき、質問、相談など/느낀 점, 질문, 상담 등 | | | |

| シート/시트 ⑤-A | 学習日誌【学習内容】/ 학습일지【학습내용】 | | |
|---|---|---|---|
| 目標言語で作成し、パートナーに訂正してもらってから提出する。訂正個所はそのまま残しておく。목표언어로 작성하여 파트너에게 수정 받은 후 제출한다. 어디가 수정되었는지를 알 수 있도록 수정 전의 표현을 남겨둔다. | | | |
| 週目<br>주차 | 年　月　日<br>년　월　일 | 作成者/작성자 | パートナー/파트너 |
| 学習テーマ<br>학습 테마 | | | |
| 学習内容<br>학습내용 | | | |
| 語彙・表現<br>어휘・표현 | | | |
| その他<br>그 외 | | | |

| シート/시트 ⑤-B | 学習日誌【ふり返り】/ 학습일지【되돌아보기】 |
|---|---|

<table>
<tr><td colspan="5">母語で作成する。모어로 작성한다.</td></tr>
<tr><td rowspan="2">週目<br>주차</td><td rowspan="2">年　月　日<br>년　월　일</td><td>作成者/작성자</td><td colspan="2">パートナー/파트너</td></tr>
<tr><td></td><td colspan="2"></td></tr>
<tr><td>学習テーマ<br>학습 테마</td><td colspan="4"></td></tr>
<tr><td>学習目標<br>학습목표</td><td colspan="4"></td></tr>
<tr><td rowspan="2">目標の達成度<br>목표 달성도</td><td colspan="4">5:十分達成 4:ほぼ達成 3:半分くらい 2:少し達成 1:全く達成できなかった<br>5:충분히 달성 4:거의 달성 3:절반정도 2:조금 달성 1:전혀 달성하지 못했다</td></tr>
<tr><td>評価<br>평가<br>〔　　〕</td><td colspan="3">理由/이유</td></tr>
<tr><td>よかったこと<br>잘된 점</td><td colspan="4"></td></tr>
<tr><td>うまくいかなかったこと<br>반성할 점과</td><td colspan="4"></td></tr>
<tr><td>改善方法<br>개선방법</td><td colspan="4"></td></tr>
<tr><td>気づき、質問、相談など/느낀 점, 질문, 상담 등</td><td colspan="4"></td></tr>
</table>

| シート/시트 ⑤-A | 学習日誌【学習内容】/ 학습일지【학습내용】 |
|---|---|

目標言語で作成し、パートナーに訂正してもらってから提出する。訂正個所はそのまま残しておく。목표언어로 작성하여 파트너에게 수정 받은 후 제출한다. 어디가 수정되었는지를 알 수 있도록 수정 전의 표현을 남겨둔다.

| 週目<br>주차 | 年　月　日<br>년　월　일 | 作成者/작성자 | パートナー/파트너 |
|---|---|---|---|
| 学習テーマ<br>학습 테마 | | | |
| 学習内容<br>학습내용 | | | |
| 語彙・表現<br>어휘・표현 | | | |
| その他<br>그 외 | | | |

| シート/시트 ⑤-B | 学習日誌【ふり返り】/ 학습일지【되돌아보기】 |
|---|---|

<table>
<tr><td colspan="4">母語で作成する。모어로 작성한다.</td></tr>
<tr><td rowspan="2">週目<br>주차</td><td rowspan="2">年　月　日<br>년　월　일</td><td>作成者/작성자</td><td>パートナー/파트너</td></tr>
<tr><td></td><td></td></tr>
<tr><td>学習テーマ<br>학습 테마</td><td colspan="3"></td></tr>
<tr><td>学習目標<br>학습목표</td><td colspan="3"></td></tr>
<tr><td rowspan="2">目標の達成度<br>목표 달성도</td><td colspan="3">5:十分達成 4:ほぼ達成 3:半分くらい 2:少し達成 1:全く達成できなかった<br>5:충분히 달성 4:거의 달성 3:절반정도 2:조금 달성 1:전혀 달성하지 못했다</td></tr>
<tr><td>評価<br>평가<br>〔　　〕</td><td colspan="2">理由/이유</td></tr>
<tr><td>よかったこと<br>잘된 점</td><td colspan="3"></td></tr>
<tr><td>うまくいかなかったこと<br>반성할 점과</td><td colspan="3"></td></tr>
<tr><td>改善方法<br>개선방법</td><td colspan="3"></td></tr>
<tr><td>気づき、質問、相談など/느낀 점, 질문, 상담 등</td><td colspan="3"></td></tr>
</table>

| シート/시트 ⑤-A | 学習日誌【学習内容】/ 학습일지【학습내용】 |
|---|---|

目標言語で作成し、パートナーに訂正してもらってから提出する。訂正個所はそのまま残しておく。목표언어로 작성하여 파트너에게 수정 받은 후 제출한다. 어디가 수정되었는지를 알 수 있도록 수정 전의 표현을 남겨둔다.

| 週目<br>주차 | 年　月　日<br>년　월　일 | 作成者/작성자 | パートナー/파트너 |
|---|---|---|---|
| 学習テーマ<br>학습 테마 | | | |
| 学習内容<br>학습내용 | | | |
| 語彙・表現<br>어휘・표현 | | | |
| その他<br>그 외 | | | |

## シート/시트 ⑤-B 学習日誌【ふり返り】/ 학습일지【되돌아보기】

<table>
<tr><td colspan="4">母語で作成する。모어로 작성한다.</td></tr>
<tr><td>週目<br>주차</td><td>年　月　日<br>년　월　일</td><td>作成者/작성자</td><td>パートナー/파트너</td></tr>
<tr><td>学習テーマ<br>학습 테마</td><td colspan="3"></td></tr>
<tr><td>学習目標<br>학습목표</td><td colspan="3"></td></tr>
<tr><td>目標の達成度<br>목표 달성도</td><td colspan="3">5:十分達成 4:ほぼ達成 3:半分くらい 2:少し達成 1:全く達成できなかった<br>5:충분히 달성 4:거의 달성 3:절반정도 2:조금 달성 1:전혀 달성하지 못했다<br>評価<br>평가<br>〔　　〕 | 理由/이유</td></tr>
<tr><td>よかったこと<br>잘된 점</td><td colspan="3"></td></tr>
<tr><td>うまくいかなかったこと<br>반성할 점과</td><td colspan="3"></td></tr>
<tr><td>改善方法<br>개선방법</td><td colspan="3"></td></tr>
<tr><td>気づき、質問、相談など/느낀 점, 질문, 상담 등</td><td colspan="3"></td></tr>
</table>

| シート/시트 ⑤-A | 学習日誌【学習内容】/ 학습일지【학습내용】 |
|---|---|

目標言語で作成し、パートナーに訂正してもらってから提出する。訂正個所はそのまま残しておく。목표언어로 작성하여 파트너에게 수정 받은 후 제출한다. 어디가 수정되었는지를 알 수 있도록 수정 전의 표현을 남겨둔다.

| 週目<br>주차 | 年　月　日<br>년　월　일 | 作成者/작성자 | パートナー/파트너 |
|---|---|---|---|
| 学習テーマ<br>학습 테마 | | | |
| 学習内容<br>학습내용 | | | |
| 語彙・表現<br>어휘・표현 | | | |
| その他<br>그 외 | | | |

<table>
<tr><th>シート/시트 ⑤-B</th><th colspan="3">学習日誌【ふり返り】/ 학습일지【되돌아보기】</th></tr>
<tr><td colspan="4">母語で作成する。모어로 작성한다.</td></tr>
<tr><td>週目<br>주차</td><td>年 月 日<br>년 월 일</td><td>作成者/작성자</td><td>パートナー/파트너</td></tr>
<tr><td>学習テーマ<br>학습 테마</td><td colspan="3"></td></tr>
<tr><td>学習目標<br>학습목표</td><td colspan="3"></td></tr>
<tr><td rowspan="2">目標の達成度<br>목표 달성도</td><td colspan="3">5:十分達成 4:ほぼ達成 3:半分くらい 2:少し達成 1:全く達成できなかった<br>5:충분히 달성 4:거의 달성 3:절반정도 2:조금 달성 1:전혀 달성하지 못했다</td></tr>
<tr><td>評価<br>평가<br>〔　　〕</td><td colspan="2">理由/이유</td></tr>
<tr><td>よかったこと<br>잘된 점</td><td colspan="3"></td></tr>
<tr><td>うまくいかなかったこと<br>반성할 점과</td><td colspan="3"></td></tr>
<tr><td>改善方法<br>개선방법</td><td colspan="3"></td></tr>
<tr><td>気づき、質問、相談など/느낀 점, 질문, 상담 등</td><td colspan="3"></td></tr>
</table>

| シート/시트 ⑤-A | 学習日誌【学習内容】/ 학습일지【학습내용】 |
|---|---|

目標言語で作成し、パートナーに訂正してもらってから提出する。訂正個所はそのまま残しておく。목표언어로 작성하여 파트너에게 수정 받은 후 제출한다. 어디가 수정되었는지를 알 수 있도록 수정 전의 표현을 남겨둔다.

| 週目<br>주차 | 年　月　日<br>년　월　일 | 作成者/작성자 | パートナー/파트너 |
|---|---|---|---|
| 学習テーマ<br>학습 테마 | | | |
| 学習内容<br>학습내용 | | | |
| 語彙・表現<br>어휘・표현 | | | |
| その他<br>그 외 | | | |

| シート/시트 ⑤-B | 学習日誌【ふり返り】/ 학습일지【되돌아보기】 | | |
|---|---|---|---|
| 母語で作成する。모어로 작성한다. | | | |
| 週目<br>주차 | 年　月　日<br>년　월　일 | 作成者/작성자 | パートナー/파트너 |
| 学習テーマ<br>학습 테마 | | | |
| 学習目標<br>학습목표 | | | |
| 目標の達成度<br>목표 달성도 | 5:十分達成 4:ほぼ達成 3:半分くらい 2:少し達成 1:全く達成できなかった<br>5:충분히 달성 4:거의 달성 3:절반정도 2:조금 달성 1:전혀 달성하지 못했다 | | |
| | 評価<br>평가<br>〔　　〕 | 理由/이유 | |
| よかったこと<br>잘된 점 | | | |
| うまくいかなかったこと<br>반성할 점과 | | | |
| 改善方法<br>개선방법 | | | |
| 気づき、質問、相談など/느낀 점, 질문, 상담 등 | | | |

| シート/시트 ⑤-A | 学習日誌【学習内容】/ 학습일지【학습내용】 |
|---|---|

目標言語で作成し、パートナーに訂正してもらってから提出する。訂正個所はそのまま残しておく。목표언어로 작성하여 파트너에게 수정 받은 후 제출한다. 어디가 수정되었는지를 알 수 있도록 수정 전의 표현을 남겨둔다.

| 週目<br>주차 | 年 月 日<br>년 월 일 | 作成者/작성자 | パートナー/파트너 |
|---|---|---|---|
| 学習テーマ<br>학습 테마 | | | |
| 学習内容<br>학습내용 | | | |
| 語彙・表現<br>어휘・표현 | | | |
| その他<br>그 외 | | | |

| シート/시트 ⑤-B | 学習日誌【ふり返り】/ 학습일지【되돌아보기】 | | |
|---|---|---|---|
| 母語で作成する。모어로 작성한다. | | | |
| 週目<br>주차 | 年　月　日<br>년　월　일 | 作成者/작성자 | パートナー/파트너 |
| 学習テーマ<br>학습 테마 | | | |
| 学習目標<br>학습목표 | | | |
| 目標の達成度<br>목표 달성도 | 5:十分達成 4:ほぼ達成 3:半分くらい 2:少し達成 1:全く達成できなかった<br>5:충분히 달성 4:거의 달성 3:절반정도 2:조금 달성 1:전혀 달성하지 못했다 | | |
| | 評価<br>평가<br>〔　　〕 | 理由/이유 | |
| よかったこと<br>잘된 점 | | | |
| うまくいかなかったこと<br>반성할 점과 | | | |
| 改善方法<br>개선방법 | | | |
| 気づき、質問、相談など/느낀 점, 질문, 상담 등 | | | |

| シート/시트 ⑤-A | 学習日誌【学習内容】/ 학습일지【학습내용】 |
|---|---|

目標言語で作成し、パートナーに訂正してもらってから提出する。訂正個所はそのまま残しておく。목표언어로 작성하여 파트너에게 수정 받은 후 제출한다. 어디가 수정되었는지를 알 수 있도록 수정 전의 표현을 남겨둔다.

| 週目<br>주차 | 年　月　日<br>년　월　일 | 作成者/작성자 | パートナー/파트너 |
|---|---|---|---|
| 学習テーマ<br>학습 테마 | | | |
| 学習内容<br>학습내용 | | | |
| 語彙・表現<br>어휘・표현 | | | |
| その他<br>그 외 | | | |

## シート/시트 ⑤-B　学習日誌【ふり返り】/ 학습일지【되돌아보기】

<table>
<tr><td colspan="4">母語で作成する。모어로 작성한다.</td></tr>
<tr><td>週目<br>주차</td><td>年　月　日<br>년　월　일</td><td>作成者/작성자</td><td>パートナー/파트너</td></tr>
<tr><td>学習テーマ<br>학습 테마</td><td colspan="3"></td></tr>
<tr><td>学習目標<br>학습목표</td><td colspan="3"></td></tr>
<tr><td rowspan="2">目標の達成度<br>목표 달성도</td><td colspan="3">5:十分達成 4:ほぼ達成 3:半分くらい 2:少し達成 1:全く達成できなかった<br>5:충분히 달성 4:거의 달성 3:절반정도 2:조금 달성 1:전혀 달성하지 못했다</td></tr>
<tr><td>評価<br>평가<br>〔　　〕</td><td colspan="2">理由/이유</td></tr>
<tr><td>よかったこと<br>잘된 점</td><td colspan="3"></td></tr>
<tr><td>うまくいかなかったこと<br>반성할 점과</td><td colspan="3"></td></tr>
<tr><td>改善方法<br>개선방법</td><td colspan="3"></td></tr>
<tr><td>気づき、質問、相談など/느낀 점, 질문, 상담 등</td><td colspan="3"></td></tr>
</table>

| シート/시트 ⑤-A | 学習日誌【学習内容】/ 학습일지【학습내용】 |
|---|---|

目標言語で作成し、パートナーに訂正してもらってから提出する。訂正個所はそのまま残しておく。목표언어로 작성하여 파트너에게 수정 받은 후 제출한다. 어디가 수정되었는지를 알 수 있도록 수정 전의 표현을 남겨둔다.

| 週目<br>주차 | 年　月　日<br>년　월　일 | 作成者/작성자 | パートナー/파트너 |
|---|---|---|---|
| | | | |
| 学習テーマ<br>학습 테마 | | | |
| 学習内容<br>학습내용 | | | |
| 語彙・表現<br>어휘・표현 | | | |
| その他<br>그 외 | | | |

| シート/시트 ⑤-B | 学習日誌【ふり返り】/ 학습일지【되돌아보기】 | | |
|---|---|---|---|
| 母語で作成する。모어로 작성한다. | | | |
| 週目<br>주차 | 年 月 日<br>년 월 일 | 作成者/작성자 | パートナー/파트너 |
| 学習テーマ<br>학습 테마 | | | |
| 学習目標<br>학습목표 | | | |
| 目標の達成度<br>목표 달성도 | 5:十分達成 4:ほぼ達成 3:半分くらい 2:少し達成 1:全く達成できなかった<br>5:충분히 달성 4:거의 달성 3:절반정도 2:조금 달성 1:전혀 달성하지 못했다<br>評価<br>평가<br>〔 〕 | 理由/이유 | |
| よかったこと<br>잘된 점 | | | |
| うまくいかなかったこと<br>반성할 점과 | | | |
| 改善方法<br>개선방법 | | | |
| 気づき、質問、相談など/느낀 점, 질문, 상담 등 | | | |

| シート/시트 ⑤-A | 学習日誌【学習内容】/ 학습일지【학습내용】 |
|---|---|

目標言語で作成し、パートナーに訂正してもらってから提出する。訂正個所はそのまま残しておく。목표언어로 작성하여 파트너에게 수정 받은 후 제출한다. 어디가 수정되었는지를 알 수 있도록 수정 전의 표현을 남겨둔다.

| 週目<br>주차 | 年 月 日<br>년 월 일 | 作成者/작성자 | パートナー/파트너 |
|---|---|---|---|
| 学習テーマ<br>학습 테마 | | | |
| 学習内容<br>학습내용 | | | |
| 語彙・表現<br>어휘・표현 | | | |
| その他<br>그 외 | | | |

## シート/시트 ⑤-B　学習日誌【ふり返り】/ 학습일지【되돌아보기】

<table>
<tr><td colspan="4">母語で作成する。모어로 작성한다.</td></tr>
<tr><td rowspan="2">週目<br>주차</td><td rowspan="2">年　月　日<br>년　월　일</td><td>作成者/작성자</td><td>パートナー/파트너</td></tr>
<tr><td></td><td></td></tr>
<tr><td>学習テーマ<br>학습 테마</td><td colspan="3"></td></tr>
<tr><td>学習目標<br>학습목표</td><td colspan="3"></td></tr>
<tr><td rowspan="2">目標の達成度<br>목표 달성도</td><td colspan="3">5:十分達成 4:ほぼ達成 3:半分くらい 2:少し達成 1:全く達成できなかった<br>5:충분히 달성 4:거의 달성 3:절반정도 2:조금 달성 1:전혀 달성하지 못했다</td></tr>
<tr><td>評価<br>평가<br>〔　　〕</td><td colspan="2">理由/이유</td></tr>
<tr><td>よかったこと<br>잘된 점</td><td colspan="3"></td></tr>
<tr><td>うまくいかなかったこと<br>반성할 점과</td><td colspan="3"></td></tr>
<tr><td>改善方法<br>개선방법</td><td colspan="3"></td></tr>
<tr><td>気づき、質問、相談など/느낀 점, 질문, 상담 등</td><td colspan="3"></td></tr>
</table>

| シート/시트 ⑤-A | 学習日誌【学習内容】/ 학습일지【학습내용】 |
|---|---|

目標言語で作成し、パートナーに訂正してもらってから提出する。訂正個所はそのまま残しておく。목표언어로 작성하여 파트너에게 수정 받은 후 제출한다. 어디가 수정되었는지를 알 수 있도록 수정 전의 표현을 남겨둔다.

| 週目<br>주차 | 年　月　日<br>년　월　일 | 作成者/작성자 | パートナー/파트너 |
|---|---|---|---|
| 学習テーマ<br>학습 테마 | | | |
| 学習内容<br>학습내용 | | | |
| 語彙・表現<br>어휘・표현 | | | |
| その他<br>그 외 | | | |

| シート/시트 ⑤-B | 学習日誌【ふり返り】/ 학습일지【되돌아보기】 | | |
|---|---|---|---|
| 母語で作成する。모어로 작성한다. | | | |
| 週目<br>주차 | 年 月 日<br>년 월 일 | 作成者/작성자 | パートナー/파트너 |
| 学習テーマ<br>학습 테마 | | | |
| 学習目標<br>학습목표 | | | |
| 目標の達成度<br>목표 달성도 | 5:十分達成 4:ほぼ達成 3:半分くらい 2:少し達成 1:全く達成できなかった<br>5:충분히 달성 4:거의 달성 3:절반정도 2:조금 달성 1:전혀 달성하지 못했다 | | |
| | 評価<br>평가<br>〔 〕 | 理由/이유 | |
| よかったこと<br>잘된 점 | | | |
| うまくいかなかったこと<br>반성할 점과 | | | |
| 改善方法<br>개선방법 | | | |
| 気づき、質問、相談など/느낀 점, 질문, 상담 등 | | | |

## シート/시트 ⑤-A　学習日誌【学習内容】/ 학습일지【학습내용】

目標言語で作成し、パートナーに訂正してもらってから提出する。訂正個所はそのまま残しておく。목표언어로 작성하여 파트너에게 수정 받은 후 제출한다. 어디가 수정되었는지를 알 수 있도록 수정 전의 표현을 남겨둔다.

| 週目<br>주차 | 年　月　日<br>년　월　일 | 作成者/작성자 | パートナー/파트너 |
|---|---|---|---|
| 学習テーマ<br>학습 테마 | | | |
| 学習内容<br>학습내용 | | | |
| 語彙・表現<br>어휘・표현 | | | |
| その他<br>그 외 | | | |

| シート/시트 ⑤-B | 学習日誌【ふり返り】/ 학습일지【되돌아보기】 | | |
|---|---|---|---|
| 母語で作成する。모어로 작성한다. | | | |
| 週目<br>주차 | 年　月　日<br>년　월　일 | 作成者/작성자 | パートナー/파트너 |
| 学習テーマ<br>학습 테마 | | | |
| 学習目標<br>학습목표 | | | |
| 目標の達成度<br>목표 달성도 | 5:十分達成 4:ほぼ達成 3:半分くらい 2:少し達成 1:全く達成できなかった<br>5:충분히 달성 4:거의 달성 3:절반정도 2:조금 달성 1:전혀 달성하지 못했다<br>評価<br>평가<br>〔　　〕 | 理由/이유 | |
| よかったこと<br>잘된 점 | | | |
| うまくいかなかったこと<br>반성할 점과 | | | |
| 改善方法<br>개선방법 | | | |
| 気づき、質問、相談など/느낀 점, 질문, 상담 등 | | | |

| シート/시트 ⑤-A | 学習日誌【学習内容】/ 학습일지【학습내용】 |
|---|---|

目標言語で作成し、パートナーに訂正してもらってから提出する。訂正個所はそのまま残しておく。목표언어로 작성하여 파트너에게 수정 받은 후 제출한다. 어디가 수정되었는지를 알 수 있도록 수정 전의 표현을 남겨둔다.

| 週目<br>주차 | 年　月　日<br>년　월　일 | 作成者/작성자 | パートナー/파트너 |
|---|---|---|---|
| 学習テーマ<br>학습 테마 | | | |
| 学習内容<br>학습내용 | | | |
| 語彙・表現<br>어휘・표현 | | | |
| その他<br>그 외 | | | |

| シート/시트 ⑤-B | 学習日誌【ふり返り】/ 학습일지【되돌아보기】 | | |
|---|---|---|---|
| 母語で作成する。모어로 작성한다. | | | |
| 週目<br>주차 | 年　月　日<br>년　월　일 | 作成者/작성자 | パートナー/파트너 |
| 学習テーマ<br>학습 테마 | | | |
| 学習目標<br>학습목표 | | | |
| 目標の達成度<br>목표 달성도 | 5:十分達成 4:ほぼ達成 3:半分くらい 2:少し達成 1:全く達成できなかった<br>5:충분히 달성 4:거의 달성 3:절반정도 2:조금 달성 1:전혀 달성하지 못했다<br>評価<br>평가<br>〔　　〕 理由/이유 | | |
| よかったこと<br>잘된 점 | | | |
| うまくいかなかったこと<br>반성할 점과 | | | |
| 改善方法<br>개선방법 | | | |
| 気づき、質問、相談など/느낀 점, 질문, 상담 등 | | | |

| シート/시트 ⑤-A | 学習日誌【学習内容】/ 학습일지【학습내용】 |
|---|---|

目標言語で作成し、パートナーに訂正してもらってから提出する。訂正個所はそのまま残しておく。목표언어로 작성하여 파트너에게 수정 받은 후 제출한다. 어디가 수정되었는지를 알 수 있도록 수정 전의 표현을 남겨둔다.

| 週目<br>주차 | 年　月　日<br>년　월　일 | 作成者/작성자 | パートナー/파트너 |
|---|---|---|---|
| 学習テーマ<br>학습 테마 | | | |
| 学習内容<br>학습내용 | | | |
| 語彙・表現<br>어휘・표현 | | | |
| その他<br>그 외 | | | |

| シート/시트 ⑤-B | 学習日誌【ふり返り】/ 학습일지【되돌아보기】 | | |
|---|---|---|---|
| 母語で作成する。모어로 작성한다. | | | |
| 週目<br>주차 | 年 月 日<br>년 월 일 | 作成者/작성자 | パートナー/파트너 |
| 学習テーマ<br>학습 테마 | | | |
| 学習目標<br>학습목표 | | | |
| 目標の達成度<br>목표 달성도 | 5:十分達成 4:ほぼ達成 3:半分くらい 2:少し達成 1:全く達成できなかった<br>5:충분히 달성 4:거의 달성 3:절반정도 2:조금 달성 1:전혀 달성하지 못했다<br>評価<br>평가<br>〔 〕 | 理由/이유 | |
| よかったこと<br>잘된 점 | | | |
| うまくいかなかったこと<br>반성할 점과 | | | |
| 改善方法<br>개선방법 | | | |
| 気づき、質問、相談など/느낀 점, 질문, 상담 등 | | | |

## シート/시트 ⑤-A 学習日誌【学習内容】/ 학습일지【학습내용】

目標言語で作成し、パートナーに訂正してもらってから提出する。訂正個所はそのまま残しておく。목표언어로 작성하여 파트너에게 수정 받은 후 제출한다. 어디가 수정되었는지를 알 수 있도록 수정 전의 표현을 남겨둔다.

| 週目<br>주차 | 年　月　日<br>년　월　일 | 作成者/작성자 | パートナー/파트너 |
|---|---|---|---|
| 学習テーマ<br>학습 테마 | | | |
| 学習内容<br>학습내용 | | | |
| 語彙・表現<br>어휘・표현 | | | |
| その他<br>그 외 | | | |

## シート/시트 ⑤-B　学習日誌【ふり返り】/ 학습일지【되돌아보기】

<table>
<tr><td colspan="4">母語で作成する。모어로 작성한다.</td></tr>
<tr><td>週目<br>주차</td><td>年　月　日<br>년　월　일</td><td>作成者/작성자</td><td>パートナー/파트너</td></tr>
<tr><td>学習テーマ<br>학습 테마</td><td colspan="3"></td></tr>
<tr><td>学習目標<br>학습목표</td><td colspan="3"></td></tr>
<tr><td rowspan="2">目標の達成度<br>목표 달성도</td><td colspan="3">5:十分達成 4:ほぼ達成 3:半分くらい 2:少し達成 1:全く達成できなかった<br>5:충분히 달성 4:거의 달성 3:절반정도 2:조금 달성 1:전혀 달성하지 못했다</td></tr>
<tr><td>評価<br>평가<br>〔　　〕</td><td colspan="2">理由/이유</td></tr>
<tr><td>よかったこと<br>잘된 점</td><td colspan="3"></td></tr>
<tr><td>うまくいかなかったこと<br>반성할 점과</td><td colspan="3"></td></tr>
<tr><td>改善方法<br>개선방법</td><td colspan="3"></td></tr>
<tr><td>気づき、質問、相談など/느낀 점, 질문, 상담 등</td><td colspan="3"></td></tr>
</table>

| シート/시트 ⑤-A | 学習日誌【学習内容】/ 학습일지【학습내용】 | | |
|---|---|---|---|
| 目標言語で作成し、パートナーに訂正してもらってから提出する。訂正個所はそのまま残しておく。목표언어로 작성하여 파트너에게 수정 받은 후 제출한다. 어디가 수정되었는지를 알 수 있도록 수정 전의 표현을 남겨둔다. | | | |
| 週目<br>주차 | 年　月　日<br>년　월　일 | 作成者/작성자 | パートナー/파트너 |
| 学習テーマ<br>학습 테마 | | | |
| 学習内容<br>학습내용 | | | |
| 語彙・表現<br>어휘・표현 | | | |
| その他<br>그 외 | | | |

## シート/시트 ⑤-B　学習日誌【ふり返り】/ 학습일지【되돌아보기】

母語で作成する。모어로 작성한다.

<table>
<tr><td>週目<br>주차</td><td>年　月　日<br>년　월　일</td><td>作成者/작성자</td><td>パートナー/파트너</td></tr>
<tr><td>学習テーマ<br>학습 테마</td><td colspan="3"></td></tr>
<tr><td>学習目標<br>학습목표</td><td colspan="3"></td></tr>
<tr><td rowspan="2">目標の達成度<br>목표 달성도</td><td colspan="3">5:十分達成 4:ほぼ達成 3:半分くらい 2:少し達成 1:全く達成できなかった<br>5:충분히 달성 4:거의 달성 3:절반정도 2:조금 달성 1:전혀 달성하지 못했다</td></tr>
<tr><td>評価<br>평가<br>〔　　〕</td><td colspan="2">理由/이유</td></tr>
<tr><td>よかったこと<br>잘된 점</td><td colspan="3"></td></tr>
<tr><td>うまくいかなかったこと<br>반성할 점과</td><td colspan="3"></td></tr>
<tr><td>改善方法<br>개선방법</td><td colspan="3"></td></tr>
<tr><td>気づき、質問、相談など/느낀 점, 질문, 상담 등</td><td colspan="3"></td></tr>
</table>

| シート/시트 ⑤-A | 学習日誌【学習内容】/ 학습일지【학습내용】 |
|---|---|

目標言語で作成し、パートナーに訂正してもらってから提出する。訂正個所はそのまま残しておく。목표언어로 작성하여 파트너에게 수정 받은 후 제출한다. 어디가 수정되었는지를 알 수 있도록 수정 전의 표현을 남겨둔다.

| 週目<br>주차 | 年　月　日<br>년　월　일 | 作成者/작성자 | パートナー/파트너 |
|---|---|---|---|
| | | | |
| 学習テーマ<br>학습 테마 | | | |
| 学習内容<br>학습내용 | | | |
| 語彙・表現<br>어휘・표현 | | | |
| その他<br>그 외 | | | |

## シート/시트 ⑤-B　学習日誌【ふり返り】/ 학습일지【되돌아보기】

<table>
<tr><td colspan="5">母語で作成する。모어로 작성한다.</td></tr>
<tr><td>週目<br>주차</td><td>年　月　日<br>년　월　일</td><td colspan="2">作成者/작성자</td><td>パートナー/파트너</td></tr>
<tr><td>学習テーマ<br>학습 테마</td><td colspan="4"></td></tr>
<tr><td>学習目標<br>학습목표</td><td colspan="4"></td></tr>
<tr><td rowspan="2">目標の達成度<br>목표 달성도</td><td colspan="4">5:十分達成 4:ほぼ達成 3:半分くらい 2:少し達成 1:全く達成できなかった<br>5:충분히 달성 4:거의 달성 3:절반정도 2:조금 달성 1:전혀 달성하지 못했다</td></tr>
<tr><td>評価<br>평가<br>〔　　〕</td><td colspan="3">理由/이유</td></tr>
<tr><td>よかったこと<br>잘된 점</td><td colspan="4"></td></tr>
<tr><td>うまくいかなかったこと<br>반성할 점과</td><td colspan="4"></td></tr>
<tr><td>改善方法<br>개선방법</td><td colspan="4"></td></tr>
<tr><td>気づき、質問、相談など/느낀 점, 질문, 상담 등</td><td colspan="4"></td></tr>
</table>

| シート/시트 ⑤-A | 学習日誌【学習内容】/ 학습일지【학습내용】 |
|---|---|

| 目標言語で作成し、パートナーに訂正してもらってから提出する。訂正個所はそのまま残しておく。목표언어로 작성하여 파트너에게 수정 받은 후 제출한다. 어디가 수정되었는지를 알 수 있도록 수정 전의 표현을 남겨둔다. | | | |
|---|---|---|---|
| 週目<br>주차 | 年　月　日<br>년　월　일 | 作成者/작성자 | パートナー/파트너 |
| 学習テーマ<br>학습 테마 | | | |
| 学習内容<br>학습내용 | | | |
| 語彙・表現<br>어휘・표현 | | | |
| その他<br>그 외 | | | |

## シート/시트 ⑤-B　学習日誌【ふり返り】/ 학습일지【되돌아보기】

<table>
<tr><td colspan="5">母語で作成する。모어로 작성한다.</td></tr>
<tr><td rowspan="2">週目<br>주차</td><td rowspan="2">年　月　日<br>년　월　일</td><td colspan="2">作成者/작성자</td><td>パートナー/파트너</td></tr>
<tr><td colspan="2"></td><td></td></tr>
<tr><td>学習テーマ<br>학습 테마</td><td colspan="4"></td></tr>
<tr><td>学習目標<br>학습목표</td><td colspan="4"></td></tr>
<tr><td rowspan="2">目標の達成度<br>목표 달성도</td><td colspan="4">5:十分達成 4:ほぼ達成 3:半分くらい 2:少し達成 1:全く達成できなかった<br>5:충분히 달성 4:거의 달성 3:절반정도 2:조금 달성 1:전혀 달성하지 못했다</td></tr>
<tr><td>評価<br>평가<br>〔　　〕</td><td colspan="3">理由/이유</td></tr>
<tr><td>よかったこと<br>잘된 점</td><td colspan="4"></td></tr>
<tr><td>うまくいかなかったこと<br>반성할 점과</td><td colspan="4"></td></tr>
<tr><td>改善方法<br>개선방법</td><td colspan="4"></td></tr>
<tr><td>気づき、質問、相談など/느낀 점, 질문, 상담 등</td><td colspan="4"></td></tr>
</table>

| シート/시트 ⑤-A | 学習日誌【学習内容】/ 학습일지【학습내용】 |
|---|---|

目標言語で作成し、パートナーに訂正してもらってから提出する。訂正個所はそのまま残しておく。목표언어로 작성하여 파트너에게 수정 받은 후 제출한다. 어디가 수정되었는지를 알 수 있도록 수정 전의 표현을 남겨둔다.

| 週目<br>주차 | 年　月　日<br>년　월　일 | 作成者/작성자 | パートナー/파트너 |
|---|---|---|---|
| | | | |

| | |
|---|---|
| 学習テーマ<br>학습 테마 | |
| 学習内容<br>학습내용 | |
| 語彙・表現<br>어휘・표현 | |
| その他<br>그 외 | |

## シート/시트 ⑤-B　学習日誌【ふり返り】/ 학습일지【되돌아보기】

<table>
<tr><td colspan="4">母語で作成する。모어로 작성한다.</td></tr>
<tr><td rowspan="2">週目<br>주차</td><td rowspan="2">年　月　日<br>년　월　일</td><td>作成者/작성자</td><td>パートナー/파트너</td></tr>
<tr><td></td><td></td></tr>
<tr><td>学習テーマ<br>학습 테마</td><td colspan="3"></td></tr>
<tr><td>学習目標<br>학습목표</td><td colspan="3"></td></tr>
<tr><td rowspan="2">目標の達成度<br>목표 달성도</td><td colspan="3">5:十分達成 4:ほぼ達成 3:半分くらい 2:少し達成 1:全く達成できなかった<br>5:충분히 달성 4:거의 달성 3:절반정도 2:조금 달성 1:전혀 달성하지 못했다</td></tr>
<tr><td>評価<br>평가<br>〔　　〕</td><td colspan="2">理由/이유</td></tr>
<tr><td>よかったこと<br>잘된 점</td><td colspan="3"></td></tr>
<tr><td>うまくいかなかったこと<br>반성할 점과</td><td colspan="3"></td></tr>
<tr><td>改善方法<br>개선방법</td><td colspan="3"></td></tr>
<tr><td>気づき、質問、相談など/느낀 점, 질문, 상담 등</td><td colspan="3"></td></tr>
</table>

<table>
<tr><td>シート/시트 ⑤-A</td><td colspan="3">学習日誌【学習内容】/ 학습일지【학습내용】</td></tr>
<tr><td colspan="4">目標言語で作成し、パートナーに訂正してもらってから提出する。訂正個所はそのまま残しておく。목표언어로 작성하여 파트너에게 수정 받은 후 제출한다. 어디가 수정되었는지를 알 수 있도록 수정 전의 표현을 남겨둔다.</td></tr>
<tr><td rowspan="2">週目<br>주차</td><td rowspan="2">年　月　日<br>년　월　일</td><td>作成者/작성자</td><td>パートナー/파트너</td></tr>
<tr><td></td><td></td></tr>
<tr><td>学習テーマ<br>학습 테마</td><td colspan="3"></td></tr>
<tr><td>学習内容<br>학습내용</td><td colspan="3"></td></tr>
<tr><td>語彙・表現<br>어휘・표현</td><td colspan="3"></td></tr>
<tr><td>その他<br>그 외</td><td colspan="3"></td></tr>
</table>

| シート/시트 ⑤-B | 学習日誌【ふり返り】/ 학습일지【되돌아보기】 | | |
|---|---|---|---|
| 母語で作成する。모어로 작성한다. | | | |
| 週目<br>주차 | 年　月　日<br>년　월　일 | 作成者/작성자 | パートナー/파트너 |
| 学習テーマ<br>학습 테마 | | | |
| 学習目標<br>학습목표 | | | |
| 目標の達成度<br>목표 달성도 | 5:十分達成 4:ほぼ達成 3:半分くらい 2:少し達成 1:全く達成できなかった<br>5:충분히 달성 4:거의 달성 3:절반정도 2:조금 달성 1:전혀 달성하지 못했다 | | |
| | 評価<br>평가<br>〔　　〕 | 理由/이유 | |
| よかったこと<br>잘된 점 | | | |
| うまくいかなかったこと<br>반성할 점과 | | | |
| 改善方法<br>개선방법 | | | |
| 気づき、質問、相談など/느낀 점, 질문, 상담 등 | | | |

| シート/시트 ⑤-A | 学習日誌【学習内容】/ 학습일지【학습내용】 |
|---|---|

目標言語で作成し、パートナーに訂正してもらってから提出する。訂正個所はそのまま残しておく。목표언어로 작성하여 파트너에게 수정 받은 후 제출한다. 어디가 수정되었는지를 알 수 있도록 수정 전의 표현을 남겨둔다.

| 週目<br>주차 | 年 月 日<br>년 월 일 | 作成者/작성자 | パートナー/파트너 |
|---|---|---|---|
| 学習テーマ<br>학습 테마 | | | |
| 学習内容<br>학습내용 | | | |
| 語彙・表現<br>어휘・표현 | | | |
| その他<br>그 외 | | | |

<table>
<tr><td>シート/시트 ⑤-B</td><td colspan="3">学習日誌【ふり返り】/ 학습일지【되돌아보기】</td></tr>
<tr><td colspan="4">母語で作成する。모어로 작성한다.</td></tr>
<tr><td>週目<br>주차</td><td>年 月 日<br>년 월 일</td><td>作成者/작성자</td><td>パートナー/파트너</td></tr>
<tr><td>学習テーマ<br>학습 테마</td><td colspan="3"></td></tr>
<tr><td>学習目標<br>학습목표</td><td colspan="3"></td></tr>
<tr><td rowspan="2">目標の達成度<br>목표 달성도</td><td colspan="3">5:十分達成 4:ほぼ達成 3:半分くらい 2:少し達成 1:全く達成できなかった<br>5:충분히 달성 4:거의 달성 3:절반정도 2:조금 달성 1:전혀 달성하지 못했다</td></tr>
<tr><td>評価<br>평가<br>〔 〕</td><td colspan="2">理由/이유</td></tr>
<tr><td>よかったこと<br>잘된 점</td><td colspan="3"></td></tr>
<tr><td>うまくいかな<br>かったこと<br>반성할 점과</td><td colspan="3"></td></tr>
<tr><td>改善方法<br>개선방법</td><td colspan="3"></td></tr>
<tr><td>気づき、質問、<br>相談など/느낀<br>점, 질문, 상담 등</td><td colspan="3"></td></tr>
</table>

| シート/시트 ⑤-A | 学習日誌【学習内容】/ 학습일지【학습내용】 |
|---|---|

目標言語で作成し、パートナーに訂正してもらってから提出する。訂正個所はそのまま残しておく。목표언어로 작성하여 파트너에게 수정 받은 후 제출한다. 어디가 수정되었는지를 알 수 있도록 수정 전의 표현을 남겨둔다.

| 週目<br>주차 | 年　月　日<br>년　월　일 | 作成者/작성자 | パートナー/파트너 |
|---|---|---|---|
| 学習テーマ<br>학습 테마 | | | |
| 学習内容<br>학습내용 | | | |
| 語彙・表現<br>어휘・표현 | | | |
| その他<br>그 외 | | | |

## シート/시트 ⑤-B　学習日誌【ふり返り】/ 학습일지【되돌아보기】

<table>
<tr><td colspan="4">母語で作成する。모어로 작성한다.</td></tr>
<tr><td>週目<br>주차</td><td>年　月　日<br>년　월　일</td><td>作成者/작성자</td><td>パートナー/파트너</td></tr>
<tr><td>学習テーマ<br>학습 테마</td><td colspan="3"></td></tr>
<tr><td>学習目標<br>학습목표</td><td colspan="3"></td></tr>
<tr><td rowspan="2">目標の達成度<br>목표 달성도</td><td colspan="3">5:十分達成 4:ほぼ達成 3:半分くらい 2:少し達成 1:全く達成できなかった<br>5:충분히 달성 4:거의 달성 3:절반정도 2:조금 달성 1:전혀 달성하지 못했다</td></tr>
<tr><td>評価<br>평가<br>〔　　〕</td><td colspan="2">理由/이유</td></tr>
<tr><td>よかったこと<br>잘된 점</td><td colspan="3"></td></tr>
<tr><td>うまくいかなかったこと<br>반성할 점과</td><td colspan="3"></td></tr>
<tr><td>改善方法<br>개선방법</td><td colspan="3"></td></tr>
<tr><td>気づき、質問、相談など/느낀 점, 질문, 상담 등</td><td colspan="3"></td></tr>
</table>

| シート/시트 ⑤-A | 学習日誌【学習内容】/ 학습일지【학습내용】 |
|---|---|

目標言語で作成し、パートナーに訂正してもらってから提出する。訂正個所はそのまま残しておく。목표언어로 작성하여 파트너에게 수정 받은 후 제출한다. 어디가 수정되었는지를 알 수 있도록 수정 전의 표현을 남겨둔다.

| 週目<br>주차 | 年 月 日<br>년 월 일 | 作成者/작성자 | パートナー/파트너 |
|---|---|---|---|
| 学習テーマ<br>학습 테마 | | | |
| 学習内容<br>학습내용 | | | |
| 語彙・表現<br>어휘・표현 | | | |
| その他<br>그 외 | | | |

## シート/시트 ⑤-B 学習日誌【ふり返り】/ 학습일지【되돌아보기】

<table>
<tr><td colspan="4">母語で作成する。모어로 작성한다.</td></tr>
<tr><td>週目<br>주차</td><td>年　月　日<br>년　월　일</td><td>作成者/작성자</td><td>パートナー/파트너</td></tr>
<tr><td>学習テーマ<br>학습 테마</td><td colspan="3"></td></tr>
<tr><td>学習目標<br>학습목표</td><td colspan="3"></td></tr>
<tr><td rowspan="2">目標の達成度<br>목표 달성도</td><td colspan="3">5:十分達成 4:ほぼ達成 3:半分くらい 2:少し達成 1:全く達成できなかった<br>5:충분히 달성 4:거의 달성 3:절반정도 2:조금 달성 1:전혀 달성하지 못했다</td></tr>
<tr><td>評価<br>평가<br>〔　　〕</td><td colspan="2">理由/이유</td></tr>
<tr><td>よかったこと<br>잘된 점</td><td colspan="3"></td></tr>
<tr><td>うまくいかなかったこと<br>반성할 점과</td><td colspan="3"></td></tr>
<tr><td>改善方法<br>개선방법</td><td colspan="3"></td></tr>
<tr><td>気づき、質問、相談など/느낀 점, 질문, 상담 등</td><td colspan="3"></td></tr>
</table>

# 14. 体験学習をしよう

## 1 体験学習とは

体験学習とは、学習者同士で訪問する場所や活動を決め、現地に行って体験をしながら学ぶことです。体験学習では、教室で話した場所に実際に行ってみたり、一般的な観光ではできない体験をしたり、素敵なカフェでゆっくりおしゃべりしたりと、普段とは違った環境でパートナーと交流をすることができます。お互いに教室では見えなかった新たな一面を発見できるかもしれませんね。

体験学習はパートナーと二人で行っても、他のペアと一緒にグループで行ってもかまいません。訪問場所や活動内容は自由ですが、ここでも大切なことは目的を持って、事前に計画を立てて活動をすることです。みなさんでアイデアを出し合って楽しい時間を過ごしてください。

## 2 体験学習計画書

体験学習を行う前に、参加メンバーと話し合いながらシート⑥「体験学習計画書」に従って計画を立てましょう。計画書を作成したら、教員に見せて内容の確認をしてもらってください。

## 3 体験学習報告書

体験学習を終えた後は、シート⑦「体験学習報告書」を書きましょう。動画や発表資料を作成した場合はファイルを提出してください。

# 14. 체험학습 하기

## 1 체험학습이란?

체험학습이란 학습자들이 서로 상의해서 방문할 장소나 활동을 정하고 현지에 가서 체험을 하면서 배우는 것입니다. 체험학습에서는 교실에서 이야기 나누었던 장소에 실제로 가보거나, 멋진 카페에서 편안하게 이야기를 나누는 등 평소와 다른 환경에서 일반적인 관광으로는 할 수 없는 체험을 하면서 파트너와 교류할 수 있습니다. 여러분은 체험학습을 통해서 서로 교실에서는 볼 수 없었던 새로운 일면을 발견할 수 있을지도 모릅니다.

체험학습은 파트너와 둘이서 가도 되고 다른 짝과 함께 그룹으로 가도 됩니다. 방문 장소나 활동 내용은 자유롭지만 여기에서도 중요한 것은 목적을 가지고 미리 계획을 세우고 활동을 하는 것입니다. 여러분 모두 함께 아이디어를 내서 즐거운 시간 보내시길 바랍니다.

## 2 체험학습 계획서

체험학습을 실시하기 전에 참가 멤버와 의논하면서 시트⑥「체험학습계획서」에 따라 계획을 세웁니다. 계획서를 다 작성하면 교원에게 보여주고 내용을 확인받아 주세요.

## 3 체험학습 보고서

체험학습을 마친 후에는 시트⑦「체험학습보고서」를 작성해주세요. 동영상이나 발표자료를 작성한 경우는 파일을 제출해주세요.

| シート/시트 ⑥ | 体験学習計画書 / 체험학습계획서 |
|---|---|

作成者/작성자：　　　　　　　　　　　　作成日/작성일：

| 体験学習日時<br>체험학습일시 | /　/　（　）　　　：　～　： |
|---|---|
| 参加メンバー<br>참가멤버 | |
| テーマ/테마 | |
| 場所/장소 | |
| 目的/목적 | |
| 目標/목표 | (1)<br><br>(2) |

活動計画/활동계획

| 時間/시간 | 活動内容<br>활동내용 | 備考(移動手段、交通費、入場料など)<br>비고(이동수단, 교통비, 입장료 등) |
|---|---|---|
| | | |
| | | |
| | | |
| | | |

メモ(集合場所、訪問先情報、アプリ、事前準備、持ち物など)
메모(집합장소, 방문처 정보, 앱, 사전준비, 소지품 등)

体験学習計画を確認しました。/체험학습계획서를 확인했습니다.

担当者/담당자：　　　　　　　　/　　/

| シート/시트 ⑦ | 体験学習報告書 / 체험학습보고서 |
|---|---|

作成者/작성자：　　　　　　　　　　作成日/작성일：

| 体験学習日時<br>체험학습일시 | / / ( ) : ~ : |
|---|---|
| メンバー/멤버 | |
| テーマ/테마 | |

実際の活動/실제활동

| 時間/시간 | 活動内容<br>활동내용 | 備考(移動手段、交通費、入場料など)<br>비고(이동수단, 교통비, 입장료 등) |
|---|---|---|
| | | |
| | | |
| | | |
| | | |

ふり返り/되돌아보기

| 目標達成度<br>목표달성도 | | 理由(具体的に)/이유(구체적으로) |
|---|---|---|
| (1) | ☆☆☆ | |
| (2) | ☆☆☆ | |

| 学んだこと、気づき、感想など／배운것, 느낀점, 감상 등 | |
|---|---|

写真・PPT・動画など提出 / 사진, PPT, 동영상 등 제출

| シート/시트 ⑥ | 体験学習計画書 / 체험학습계획서 |
|---|---|

作成者/작성자 :　　　　　　　　作成日/작성일 :

| | |
|---|---|
| 体験学習日時<br>체험학습일시 | /　/　(　)　　　:　~　: |
| 参加メンバー<br>참가멤버 | |
| テーマ/테마 | |
| 場所/장소 | |
| 目的/목적 | |
| 目標/목표 | (1)<br><br>(2) |

活動計画/활동계획

| 時間/시간 | 活動内容<br>활동내용 | 備考(移動手段、交通費、入場料など)<br>비고(이동수단, 교통비, 입장료 등) |
|---|---|---|
| | | |
| | | |
| | | |
| | | |

メモ(集合場所、訪問先情報、アプリ、事前準備、持ち物など)
메모(집합장소, 방문처 정보, 엡, 사전준비, 소지품 등)

体験学習計画を確認しました。/체험학습계획서를 확인했습니다.

担当者/담당자 :　　　　　　　/　　/

| シート/시트 ⑦ | 体験学習報告書 / 체험학습보고서 |
|---|---|

作成者/작성자：　　　　　　　　　　　作成日/작성일：

| 体験学習日時<br>체험학습일시 | / / ( ) : ~ : |
|---|---|
| メンバー/멤버 | |
| テーマ/테마 | |

実際の活動/실제활동

| 時間/시간 | 活動内容<br>활동내용 | 備考(移動手段、交通費、入場料など)<br>비고(이동수단, 교통비, 입장료 등) |
|---|---|---|
| | | |
| | | |
| | | |
| | | |

ふり返り/되돌아보기

| 目標達成度<br>목표달성도 | | 理由(具体的に)/이유(구체적으로) |
|---|---|---|
| (1) | ☆☆☆ | |
| (2) | ☆☆☆ | |

| 学んだこと、気づき、感想など/배운것, 느낀점, 감상 등 | |
|---|---|

写真・PPT・動画など提出 / 사진, PPT, 동영상 등 제출

| シート/시트 ⑥ | 体験学習計画書 / 체험학습계획서 |
|---|---|

作成者/작성자：　　　　　　　　　　作成日/작성일：

| 体験学習日時<br>체험학습일시 | / / ( ) : ~ : |
|---|---|
| 参加メンバー<br>참가멤버 | |
| テーマ/테마 | |
| 場所/장소 | |
| 目的/목적 | |
| 目標/목표 | (1)<br>(2) |

活動計画/활동계획

| 時間/시간 | 活動内容<br>활동내용 | 備考(移動手段、交通費、入場料など)<br>비고(이동수단, 교통비, 입장료 등) |
|---|---|---|
| | | |
| | | |
| | | |
| | | |

メモ(集合場所、訪問先情報、アプリ、事前準備、持ち物など)
메모(집합장소, 방문처 정보, 엡, 사전준비, 소지품 등)

体験学習計画を確認しました。/체험학습계획서를 확인했습니다.

担当者/담당자：　　　　　　/ /

| シート/시트 ⑦ | 体験学習報告書 / 체험학습보고서 |
|---|---|

作成者/작성자：　　　　　　　　　　　作成日/작성일：

| 体験学習日時<br>체험학습일시 | /　/　（　）　　　：　～　： |
|---|---|
| メンバー/멤버 | |
| テーマ/테마 | |

実際の活動/실제활동

| 時間/시간 | 活動内容<br>활동내용 | 備考(移動手段、交通費、入場料など)<br>비고(이동수단, 교통비, 입장료 등) |
|---|---|---|
| | | |
| | | |
| | | |
| | | |

ふり返り/되돌아보기

| 目標達成度<br>목표달성도 | | 理由(具体的に)/이유(구체적으로) |
|---|---|---|
| (1) | ☆☆☆ | |
| (2) | ☆☆☆ | |

| 学んだこと、気づき、感想など／배운것, 느낀점, 감상 등 | |
|---|---|

写真・PPT・動画など提出 / 사진, PPT, 동영상 등 제출

| シート/시트 ⑥ | 体験学習計画書 / 체험학습계획서 |
|---|---|

作成者/작성자 :　　　　　　　　作成日/작성일 :

| | |
|---|---|
| 体験学習日時<br>체험학습일시 | / / ( ) : ~ : |
| 参加メンバー<br>참가멤버 | |
| テーマ/테마 | |
| 場所/장소 | |
| 目的/목적 | |
| 目標/목표 | (1)<br><br>(2) |

活動計画/활동계획

| 時間/시간 | 活動内容<br>활동내용 | 備考(移動手段、交通費、入場料など)<br>비고(이동수단, 교통비, 입장료 등) |
|---|---|---|
| | | |
| | | |
| | | |
| | | |

| メモ(集合場所、訪問先情報、アプリ、事前準備、持ち物など)<br>메모(집합장소, 방문처 정보, 앱, 사전준비, 소지품 등) |
|---|

体験学習計画を確認しました。/체험학습계획서를 확인했습니다.

担当者/담당자 :　　　　　　/ /

| シート/시트 ⑦ | 体験学習報告書 / 체험학습보고서 |
|---|---|

作成者/작성자： 作成日/작성일：

| 体験学習日時<br>체험학습일시 | / / ( ) : ~ : |
|---|---|
| メンバー/멤버 | |
| テーマ/테마 | |

実際の活動/실제활동

| 時間/시간 | 活動内容<br>활동내용 | 備考(移動手段、交通費、入場料など)<br>비고(이동수단, 교통비, 입장료 등) |
|---|---|---|
| | | |
| | | |
| | | |
| | | |

ふり返り/되돌아보기

| 目標達成度<br>목표달성도 | | 理由(具体的に)/이유(구체적으로) |
|---|---|---|
| (1) | ☆☆☆ | |
| (2) | ☆☆☆ | |

| 学んだこと、気づき、感想など／배운것, 느낀점, 감상 등 | |
|---|---|

写真・PPT・動画など提出 / 사진, PPT, 동영상 등 제출

# 15. タンデム学習で大切なこと

## 1 効果的な学習をするために

1) 相手の話をよく聞いて質問しよう（具体的な内容、わからなかった言葉、もっと知りたいことなど）
2) 気になった発音や語彙・表現を直してあげよう
3) なるべく「使用言語」を守ろう
4) わからない言葉があってもすぐに辞書を使わないで他の言葉で言い直す、絵や図を描く、ジェスチャーを使うなど、伝える工夫をしてみよう
5) 教えてもらった語彙や表現などをメモしておこう
6) 教えてもらった言葉をすぐに使ってみよう
7) 本当に学びたいことを学ぼう

## 2 相手の学習に貢献するコミュニケーションのヒント

1) 相手が何をどう言おうか考えたり、新しいインプットを記憶に留めたりするための時間を持てるように十分待つ
2) 相手が話している途中に割り込まない（相づちはよい）
3) 相手が話している途中に、話を引き取って終わらせない
4) 相手が話した内容で、よくわからなかったことは確認する
5) 助けを求められたら必要とされる情報を過不足なく提供する
6) 話題を勝手に変えない
7) 相手の目標言語レベルに合わせて、言葉の選択や話すスピードを調整する

# 15. 탄뎀학습에서 알아두면 도움이 되는 것

## 1 효과적인 학습을 위한 팁

1) 파트너의 이야기를 잘 듣고 질문해 봅시다 (구체적인 내용, 몰랐던 어휘, 좀 더 알고 싶은 것 등)
2) 파트너의 발음이나 어휘, 표현이 이상한 곳은 고쳐줍시다
3) 가능한 한 「사용언어」를 지킵시다
4) 모르는 단어가 있다고 바로 사전을 찾지 말고, 다른 단어나 표현으로 바꾸어 보거나, 그림이나 도표, 제스처 등 전달을 위한 노력과 고민을 해봅시다
5) 파트너에게서 배운 어휘나 표현 등은 메모해 둡시다
6) 파트너가 가르쳐준 표현을 바로 사용해봅시다
7) 정말 배우고 싶은 걸 배워보자

## 2 상대의 학습에 공헌하기 위한 커뮤니케이션 힌트

1) 상대가 무슨 말을 할지 생각할 때나 새로운 인풋(언어 정보)을 기억해 두기 위한 시간을 가질 수 있도록 충분히 기다립시다
2) 상대가 말하는 도중에 끼어들지 않는다(맞장구는 좋음)
3) 상대가 이야기하고 있는 도중에 말을 거두어 끝내지 않는다
4) 상대방이 이야기한 내용 중에서 잘 몰랐던 것은 확인한다
5) 상대가 도움을 요청할 때는 필요한 정보를 과부족 없이 제공한다
6) 대화 중에 화제를 자기 마음 대로 바꾸지 않다
7) 상대의 목표언어 레벨에 맞추어 어휘 선택이나 말의 스피드를 조정한다

## 16. パートナーと話してみよう

それでは、パートナーと話してみましょう。お互いに質問をしながら、相手のことを知り、自分のことも知ってもらいましょう。聞いた内容をシート⑧に記入し、質問に関連してもっと聞きたいことや気になったことなども自由に話してください。お互いになるべく目標言語で話すようにしましょう。

記入日　　/　/

| シート/시트 ⑧ | パートナーに聞いてみよう/파트너에게 물어봅시다 | |
|---|---|---|
| | 質問/질문 | 答え、メモ/대답, 메모 |
| 1 | 名前(ハングル、漢字、英語)/이름(한글, 한자, 영문) | |
| 2 | 連絡方法/연락방법 | |
| 3 | 学部/학부 | |
| 4 | 学年/학년 | |
| 5 | 趣味/취미 | |
| 6 | 好きな食べ物<br>좋아하는 음식 | |
| 7 | | |
| 8 | | |
| 9 | | |
| 10 | | |

## 16. 파트너와 이야기 시작하기

그럼 파트너와 이야기를 해 봅시다. 서로 질문을 하면서 상대를 알아가고 자신에 대해서도 알 수 있도록 소개합시다. 상대에게 들은 내용을 시트⑧에 기입하고 질문과 관련하여 좀 더 알고 싶은 것이나 궁금한 점도에 대해서도 자유롭게 이야기해주세요. 서로 가능하면 목표 언어로 이야기하도록 합시다.

날짜　　/　/

シート/시트 ⑧　パートナーに聞いてみよう/파트너에게 물어봅시다

| | 質問/질문 | 答え、メモ/대답, 메모 |
|---|---|---|
| 1 | 名前(ハングル、漢字、英語)/이름(한글, 한자, 영문) | |
| 2 | 連絡方法/연락방법 | |
| 3 | 学部/학부 | |
| 4 | 学年/학년 | |
| 5 | 趣味/취미 | |
| 6 | 好きな食べ物<br>좋아하는 음식 | |
| 7 | | |
| 8 | | |
| 9 | | |
| 10 | | |

記入日　　/　/

| シート/시트 ⑧ | メンバーに聞いてみよう/멤버에게 물어봅시다 |
|---|---|

| | 質問/질문 | 答え、メモ/대답, 메모 |
|---|---|---|
| 1 | 名前(ハングル、漢字、英語)/이름(한글, 한자, 영문) | |
| 2 | 連絡方法/연락방법 | |
| 3 | 学部/학부 | |
| 4 | 学年/학년 | |
| 5 | 趣味/취미 | |
| 6 | 好きな食べ物<br>좋아하는 음식 | |
| 7 | | |
| 8 | | |
| 9 | | |
| 10 | | |

날짜　　/　/

| シート/시트 ⑧ | メンバーに聞いてみよう/멤버에게 물어봅시다 |
|---|---|

| | 質問/질문 | 答え、メモ/대답, 메모 |
|---|---|---|
| 1 | 名前(ハングル、漢字、英語)/이름(한글, 한자, 영문) | |
| 2 | 連絡方法/연락방법 | |
| 3 | 学部/학부 | |
| 4 | 学年/학년 | |
| 5 | 趣味/취미 | |
| 6 | 好きな食べ物<br>좋아하는 음식 | |
| 7 | | |
| 8 | | |
| 9 | | |
| 10 | | |

## 17. タンデム学習を体験してみよう

タンデム学習の方法は多種多様で、どのように学ぶかはみなさんで自由に決めることができます。しかし、いきなり自由にしていいと言われても戸惑うかもしれませんね。本格的に学習を始める前に、まずは下の手順に従ってタンデム学習の体験をしてみましょう。

タンデム学習体験用のテーマは３種類載せてあります。パートナーと話し合って、テーマ①〜③のうちどれをするか決めてください。学習目標はA〜Cの中から選んでください（複数選んでもかまいません）。学習が終わったら、良いと思った活動、やりにくかったところ、その他のアイディアなどについて話し合い、今後の自分たちの学習計画に役立ててください。

## 17. 탄뎀학습 체험해보기

탄뎀학습의 방법은 매우 다양하기 때문에 어떻게 배울 지는 여러분이 자유롭게 결정할 수 가 있습니다. 그러나 갑자기 자유롭게 결정하여 공부하라고 해도 여러분은 당황스러울 수가 있습니다. 그래서 본격적으로 학습을 시작하기 전에 먼저 아래 절차에 따라 탄뎀학습을 체험해봅시다.

탄뎀학습 체험용 테마는 3종류 실어 두었습니다. 먼저 파트너와 서로 상의해서 ①~③중에서 어느 테마를 선택하여 체험해볼 것인지 결정해주세요. 학습목표는 A~C 중에서 골라 주시면 됩니다(복수로 선택해도 좋습니다). 학습이 끝나면 좋았다고 생각한 활동, 또는 어려웠던 것, 기타 아이디어 등에 대해서도 이야기 나누면서 금후 자신들의 학습계획에 도움이 될 수 있도록 해봅시다.

<タンデム学習体験テーマ ①「出身地」/ >

| 学習目標 | A 出身地の基本情報を地図や写真などを見せながら、相手に伝えることができる。<br>B 出身地の魅力を自分の体験や調べた情報を交えながら説明したり、相手の質問に答えたりすることができる。<br>C 町の歴史や発展を調べて、ストーリーテリングすることができる。 |
|---|---|

1) 相手に聞きたいことや知りたいことなどを書いてください。

(1) 出身地はどこですか。どこにありますか。人口は？

(2) 有名なものは何ですか。

(3) あなたの思う出身地の良さはどのようなところですか。

(4) 今までどこに住んだことがありますか。

(5)

(6)

(7)

2) 上の質問に対して自分の答えや考えをメモしてください。

3) 用意した質問を中心に、話してみましょう。わからなかった語彙や表現についても話し合いましょう。

4) お互いの出身地について話し合いをしてどうでしたか。新たに知ったこと、疑問、気づき、感想などを話し合ってください。

5) 学習目標はどのくらい達成できましたか？そのように評価した理由は？

5:十分達成 4:ほぼ達成 3:半分くらい 2:少し達成 1:全く達成できなかった

<탄뎀학습 체험 테마 ①「출신지」/ >

| 학습목표 | A 자신의 출신지 기본 정보를 지도나 사진 등을 보이면서 상대에게 전달할 수 있다.<br>B 출신지의 매력을 자신의 체험 및 조사한 정보를 썩어서 설명하거나 상대의 질문에 답할 수가 있다.<br>C 지역 역사와 발전과정을 조사하여 스토리텔링 할 수가 있다. |
|---|---|

1) 상대에게 물어보고 싶은 것이나 알고 싶은 것 등을 적어주세요.

(1) 출신지는 어디 입니까? 어디에 있습니까? 인구는?

(2) 유명한 것은 무엇입니까?

(3) 당신이 생각하는 출신지의 좋은 점은 어디에 있다고 생각합니까?

(4) 지금까지 어디에 살아본 적이 있나요?

(5)

(6)

(7)

2) 위의 질문에 대해서 자신의 답변이나 생각을 메모해주세요.

3) 준비한 질문을 중심으로 이야기해봅시다. 몰랐던 어휘나 표현에 대해서도 서로 이야기해 봅시다.

4) 서로의 출신지에 대한 이야기는 어떠했습니까? 새롭게 알게 된 것, 의문, 느낌, 감상 등을 이야기해주세요.

5) 학습목표는 어느 정도 달성할 수 있었나요? 그렇게 평가한 이유는 무엇인가요?

5:충분히 달성 4:거의 달성 3:절반정도 2:조금 달성 1:전혀 달성하지 못했다

<タンデム学習体験テーマ②「早口言葉」/　　　　　　　　>

| 学習目標 | A 正確な発音で早口言葉を1つ言うことができる。<br>B 早く正確に、大きな声で早口言葉を2つ以上言うことができる。<br>C パートナーがネイティブと同じように早口言葉を言えるように、教えることができる。 |
|---|---|

1) 日本語の早口言葉を書いてください。

(1)

(2)

(3)

2) 韓国語の早口言葉を書いてください。

(1)

(2)

(3)

3) 上の早口言葉の解説をしてください。

4) 早口言葉の練習をしてください。

5) 難しかった発音、気づき、感想などを話し合ってください。

6) 学習目標はどのくらい達成できましたか？そのように評価した理由は？

5:十分達成 4:ほぼ達成 3:半分くらい 2:少し達成 1:全く達成できなかった

<탄뎀학습 체험 테마 ②「잰말놀이」/ >

| 학습목표 | A 정확한 발음으로 잰말놀이를 하나 말할 수 가 있다.<br>B 빠르고 정확하게 큰 목소리로 잰말놀이를 2 개 이상 말할 수가 있다.<br>C 파트너가 원어민 수준으로 잰말놀이를 말할 수 있도록 가르칠 수 있다. |
|---|---|

1) 일본어로 잰말놀이를 적어주세요.

(1)

(2)

(3)

2) 한국어로 잰말놀이를 적어주세요.

(1)

(2)

(3)

3) 위의 잰말놀이를 설명해주세요

4) 잰말놀이를 연습해주세요.

5) 어려웠던 발음, 느낌, 감상 등을 서로 이야기해주세요.

6) 학습목표는 어느 정도 달성할 수 있었나요? 그렇게 평가한 이유는 무엇인가요?

5:충분히 달성 4:거의 달성 3:절반정도 2:조금 달성 1:전혀 달성하지 못했다

<タンデム学習体験テーマ③「ネット動画」(YouTubeなど)/ >

| 学習目標 | A 好きな動画やどんなとき動画を見るかを簡単に説明できる。<br>B 自国で人気のある動画とその理由をある程度詳しく説明できる。<br>C ネット動画の問題やメリットについて討論することができる。 |
|---|---|

1) 相手に聞きたいことや知りたいことなどを書いてください。

(1) 1日にどのくらい動画を見ますか。

(2) よく見る動画は？その理由は？

(3) 自国で人気のある動画は？

(4) 自分で動画配信していますか。

(5) ネット動画についてどのような問題意識を持っていますか。

(6)

(7)

2) 上の質問に対して自分の答えや考えをメモしてください。

3) 用意した質問を中心に、話し合ってみましょう。わからなかった語彙や表現についても話し合いましょう。

4) ネット動画について話し合いをしてどうでしたか。新たに知ったこと、疑問、気づき、感想などを話し合ってください。

5) 学習目標はどのくらい達成できましたか？そのように評価した理由は？

5:十分達成 4:ほぼ達成 3:半分くらい 2:少し達成 1:全く達成できなかった

<탄뎀학습 체험 테마 ③「인터넷 동영상(유투브 등)」/ >

| 학습목표 | A 좋아하는 동영상이나 언제 동영상을 보는지 간단하게 설명할 수 있다.<br>B 자국에서 인기있는 동영상과 그 이유를 어느정도 자세히 설명할 수 있다.<br>C 인터넷 동영상의 문제점이나 장점에 대해서 토론할 수 있다. |
|---|---|

1) 상대에게 물어보고 싶은 것이나 알고 싶은 것 등을 적어주세요.

(1) 하루에 어느정도 동영상을 봅니까?

(2) 자주 보는 동영상은? 그 이유는?

(3) 자국에서 인기 있는 동영상은?

(4) 자신은 동영상을 만들어 발신하고 있습니까?

(5) 인터넷 동영상에 대해서 어떤 문제의식을 가지고 있습니까?

(6)

(7)

2) 위의 질문에 대해서 자신의 답변이나 생각을 메모해주세요.

3) 준비한 질문을 중심으로 이야기해봅시다. 몰랐던 어휘나 표현에 대해서도 서로 이야기해봅시다.

4) 인터넷 동영상에 대해서 이야기해보니 어떠했습니까? 새롭게 알게 된 것이나 의문, 느낌, 감상 등을 서로 이야기해주세요.

5) 학습목표는 어느 정도 달성할 수 있었나요? 그렇게 평가한 이유는 무엇인가요?

5:충분히 달성 4:거의 달성 3:절반정도 2:조금 달성 1:전혀 달성하지 못했다

## 18. おわりに

目標言語話者と協働で学ぶタンデム学習は一見とても楽しいように思えるかもしれませんが、思ったように上手くいかないこともあります。よくある悩みに次のようなものがあります。

・パートナーと相性が合わない
・何をやればいいかわからない
・使用言語が偏ってしまう
・会話は楽しいが、語学が上達しているかどうかはわからない
・話が続かない
・相手が学習準備をしてこない　など

これらは程度の差こそあれ、実際に学習者からよく相談を受ける悩みです。学習者はそれぞれ性格も、考え方も、人に接する方法も様々で、必ずしも相性の良いパートナーに出会えるとは限りません。パートナーとの関係性、学習方法などに不安や疑問を持ったら、一人で悩まずに早めに担当教員に相談してください。

このぐらいのことはと我慢したり、あきらめたりする必要はありません。すぐには解決方法が見つからない場合もありますが、問題に向き合い、解決していこうとする過程こそが人間的成長につながる大切な学びであると考えます。私たち教師もみなさんといっしょに悩み、成長していきたいと思っています。

これまで、タンデム学習を終えた学習者から「話すことに自信がついた」「文化に興味を持つようになった」「視野が広がった」「良い友達ができた」という嬉しい声をたくさん聞くことができました。その他にも「仲良くなるためには本心で話すことが大切だということがわかった」「相手が優しくしてくれたので人に対する恐怖心がなくなった」など心の繊細な変化まで話してくれる学習者もいました。タンデム学習から得られる学びは実に多様です。これからも、学習者の皆さんがどのような成長をしていくのかを楽しみに見守っていきたいと思います。

## 18. 마무리하면서

목표언어 화자와 협동으로 배우는 탄뎀학습은 얼핏 보기에는 굉장히 즐거운 것처럼 생각될 수 있지만 생각처럼 잘 되지 않을 수도 있습니다. 자주 하는 고민은 다음과 같습니다.

· 파트너와 호흡이 맞지 않는다
· 무엇을 해야 할지 모르겠다
· 사용 언어가 편중되어 버린다
· 회화는 즐겁지만 정말로 어학이 향상되고 있는지는 모르겠다
· 이야기가 끊어져 버리고 이어 가기가 어렵다
· 상대방이 학습 준비를 해오지 않는다 등

이러한 고민 들은 정도의 차이는 있지만 실제로 학습자로부터 자주 상담을 받는 고민입니다. 학습자들은 각각 성격, 사고방식, 사람을 접하는 방법이 다양하기 때문에 호흡이 잘 맞는 파트너를 항상 만날 수 있는 것은 아닙니다. 그렇기 때문에 파트너와의 관계성, 학습방법 등에 불안이나 의문이 있다면 혼자 고민하지 말고 빠른 시간 내에 담당 교원에게 상담해 주세요.

이정도 일로 상담하는 것은 미안하다고 생각하고 참고 있거나 포기해 버릴 필요는 없습니다. 바로 해결방법을 찾을 수 없는 경우도 있습니다만 문제를 직시하고 해결해 나가려고 하는 과정이야 말로 인간적 성장으로 연결되는 중요한 배움이라고 생각합니다. 저희 교사도 여러분과 함께 고민하고 해결해 나가는 과정을 통해서 성장해 나가고자 합니다.

지금까지 탄뎀학습을 수강한 학습자들로부터 '외국어로 이야기하는데 자신이 생겼다' '문화에 흥미를 가지게 되었다' '시야가 넓어졌다' '좋은 친구가 생겼다' 와 같은 반가운 목소리를 많이 들을 수 있었습니다. 그 외에도 '사이 좋게 되기 위해서는 진심을 가지고 다가가는 것이 소중하다는 것을 알게 되었다' '상대가 친절하게 대해주었기 때문에 사람에 대한 공포심이 없어졌다' 등과 같이 마음의 섬세한 변화까지 이야기해주는 학습자도 있었습니다. 탄뎀학습을 통하여 배울 수 있는 것은 참으로 다양합니다. 저희 교원은 앞으로도 학습자 여러분이 어떠한 성장을 해 나갈 것인가를 상상하면서 즐거운 마음으로 지도해 나갈 것입니다. 조금이라도 궁금하거나 고민되는 것이 있다면 언제든지 상담해주시기 바랍니다.

<参考文献/참고문헌>


平中ゆかり(2023)『言語教育とタンデム学習』語文研究者

平中ゆかり(2022)『学習者オートノミーを育む日本語-韓国語タンデム授業のコースデザインに関する研究』釜山外国語大学大学院日語日文学科博士論文

吉島茂・大橋理枝 訳編(2014)『外国語教育II追補版 外国語の学習、教授、評価のためのヨーロッパ共通参照枠』朝日出版社

仁科陽江(2011)「タンデム学習の実際と対策：成功する自律相互学習のために」『日本語教育連絡会議論文集』23、日本語教育連絡会議事務局、pp.80-90

Little, David. (2006). *The Common European Framework of Reference for Languages: Content, purpose, origin, reception and impact.* Cambridge University Press.

**著者略歴**(저자 약력)

**平中 ゆかり（ひらなか ゆかり）**
釜山外国語大学大学院博士課程卒業。文学博士(日本語教育学)。
米国州立 Northern Arizona University 修士課程卒業(Bilingual/Multicultural Education)。現在、釜山外国語大学日本語融合学部助教授。著書に『日本語Can-do達成のための活動集』(共著/釜山外国語大学出版部)、『日本語水準別Can-do statements ポートフォリオ』(共著/釜山外国語大学出版部)、『二重言語教育のための日本語(初級)』(共著/教育科学技術部)がある。

**히라나카 유카리 :** 부산외국어대학교대학원 졸업 문학박사(일본어교육학), 미국 주립 Northern Arizona University 석사(Bilingual/Multicultural Education). 현재 부산외국어대학교 일본어융합학부 조교수. 저서로 『일본어 Can-do 달성을 위한 활동집』(공저/부산외국어대학교 출판부), 『일본어 수준별 Can-do statements 포트폴리오』(공저/부산외국어대학교 출판부), 『이중언어교육을 위한 일본어(초급)』(공저/교육과학기술부)가 있다.

**鄭起永（じょん きよん）**
日本東海大学大学院博士課程卒業。文学博士(日本語教育学)。
大韓日語日文学会会長、日本国立国語研究所海外研究員、米国プリンストン大学客員教授。現在、釜山外国語大学日本語融合学部教授、アジア共同体研究所所長、武蔵野大学客員教授。著書に、『マルチメディアと日本語教育』(凡人者)、『日本語教育学入門』(共著/釜山外国語大学出版部)、『本当にやさしい!コンピュータ日本語』(共著/時事日本語社)、『インターネット時事日本語』(共著/時事日本語社)、『NEW NETWORK 日本語シリーズ』(共著/時事日本語社)、『アジア共同体と多言語多文化コミュニケーション』(ソル科学)、『アジア共同体と地域事情』(ソル科学)などがある。

**정기영 :** 일본 토우카이대학대학원 박사과정 졸업. 문학박사(일본어교육학). 대한일어일문학회 회장, 일본 국립국어연구소 해외연구원, 미국 프린스턴대학 객원교수. 현재 부산외국어대학교 일본어융합학부 교수, 아시아공동체연구소 소장, 일본 무사시노대 객원교수. 저서로 『멀티미디어와 일본어교육』(일본:본진샤), 『일본어교육학입문』(공저/부산외국어대학 출판부), 『정말쉽다! 컴퓨터 일본어』(공저/시사일본어사), 『인터넷시사일본어』(공저/시사일본어사), 『NEW NETWORK 일본어 시리즈』(공저/시사일본어사), 『아시아공동체와 다언어다문화 커뮤니케이션』(공저/솔과학), 『아시아공동체와 지역사정』(공저/솔과학).

New Tandem Language Learning
Handbook Japanese & Korean

2025년 2월 28일 초판발행

저 자 히라나카 유카리, 정기영
발행인 장순흥
발행처 부산외국어대학교출판부
등 록 제14-11-15호
주 소 46234 부산광역시 금정구 금샘로485번길 65
전 화 051)509-6448 팩스/ 051)509-6468
편 집 주간 · 임기대
인쇄처 세종문화사 (051)463-5898
공급처 한국출판협동조합 (02)716-5616~9


ISBN 978-89-8312-284-1 93730

정가 13,000원